Behinderung und Inklusion – eine Einführung

Skript zum gleichnamigen Workshop

von Domingos de Oliveira

Behinderung und Inklusion

Domingos de Oliveira

Impressum

Bibliografische Information der Deutschen Nationalbibliothek:
Die Deutsche Nationalbibliothek verzeichnet diese Publikation
in der Deutschen Nationalbibliografie; detaillierte
bibliografische Daten sind im Internet über http://dnb.dnb.de
abrufbar.

© 2020 Domingos de Oliveira

Herstellung und Verlag: BoD – Books on Demand,
Norderstedt

ISBN: 978-3-7519-1950-0

Inhalt

Einführung

Dieser Leitfaden soll Sie in das Behindertenwesen sowie in die Grundkonzepte der Inklusion einführen. Er wird zum gleichnamigen Workshop als Begleitmaterial angeboten, kann aber auch unabhängig davon verwendet werden.

Das Ziel ist, Ihnen Basiswissen zu vermitteln. Die meisten Themen werden deshalb nur überblicksartig dargestellt. Um sich spezifisch in die einzelnen Bereiche einzuarbeiten, benötigen Sie zusätzliche Ressourcen. Sie finden am Ende des Leitfadens eine kommentierte Linkliste zu weiteren Informationen.

Zu mir selbst: Ich arbeite seit dem Jahr 2010 als Redakteur für das Portal für behinderte Menschen familienratgeber.de. Außerdem habe ich lange Zeit in der Blinden-Selbsthilfe mitgewirkt. Durch die Lektüre zahlreicher Bücher, Weblogs, Facebook-Gruppen, Nachrichtenportalen und durch viele persönliche Gespräche konnte ich mir einen umfassenden Einblick verschaffen. Dieser Einblick war nicht nur fachlich, er zeigte mir auch viel über die unterschiedlichen Einstellungen und Probleme der Betroffenen. Dieses Wissen und diese Erfahrung habe ich in diesen Leitfaden einfließen lassen.

In dieser Publikation wird durchgängig der Begriff Behinderung für alle Personen und Personengruppen verwendet. Das gilt also auch für Menschen, die sich selbst nicht als behindert betrachten, aber Anspruch auf einen Grad der Behinderung hätten. Dafür hat sich bisher kein anderer geeigneter Begriff gefunden. Als Synonym wird der Begriff "betroffen" im Sinne von "es betrifft ihn/sie auch" verwendet.

Der Leitfaden erhebt keinen wissenschaftlichen Anspruch. Er richtet sich an Menschen aus der Praxis. Ich verzichte daher auf die Darstellung theoretischer Konzepte aus den Sozialwissenschaften oder den Disability Studies.

Der leichteren Lesbarkeit wegen wird durchgängig die

männliche Form verwendet, es sind natürlich immer Personen aller Geschlechter gemeint.
Viele Beispiele stammen aus dem Bereich Blindheit und Sehbehinderung. Das liegt nicht daran, dass diese Behinderungen wichtiger sind als andere. Vielmehr kenne ich mich als selbst Betroffener in diesem Bereich am besten aus.
Wenn Sie mögen, senden Sie mir gerne Feedback. Ich werde es dann in eine neue Auflage einfließen lassen.

Was ist Behinderung

Im ersten Teil wollen wir uns ansehen, was Behinderung eigentlich bedeutet. Dabei sollte bedacht werden, dass es eine soziale und eine amtliche Sicht auf Behinderung gibt. Diese Perspektiven weichen teils deutlich voneinander ab.

Behinderung und Schwerbehinderung

Der Begriff Behinderung umfasst Einschränkungen des Körpers inklusive der Sinneswahrneh-mungen und inneren Organe, Probleme der kognitiven Verarbeitung im Gehirn sowie psychische Einschränkungen. Dabei spielt es keine Rolle, ob diese Einschränkungen von Geburt an bestehen, später hinzukamen oder durch äußere Ereignisse wie Unfälle eingetreten sind.
Andere Begriffe wie Handicap, Einschränkung (englisch impairment), Beeinträchtigung und so weiter werden oft synonym verwendet. Da hier teils unterschiedliche Bedeutungen hineingelesen werden, rate ich dazu, den Begriff Behinderung zu verwenden. Andere Konzepte wie "besondere Menschen" oder "Menschen mit Unterstützungsbedarf" sind so schwammig und vieldeutig, dass sie für einen professionellen Diskurs ungeeignet sind.

Selbst- und Fremd-Wahrnehmung

Geburts-Behinderte sowie Sinnes- und körperbehinderte Menschenbezeichnen sich selbst häufig als behindert. Chronisch, kognitiv oder psychisch erkrankte Menschen bezeichnen und sehen sich häufig nicht als behindert. Da viele dieser Erkrankungen für andere Personen nicht wahrnehmbar sind, werden sie oft verheimlicht. Allerdings können sich auch psychische und chronische Erkrankungen stark auf die Lebensführung auswirken. Dementsprechend können auch

diese Menschen Anspruch auf einen
Schwerbehindertenausweis haben.
Auch ältere Menschen mit alterstypischen Einschränkungen
wie Demenz oder einer Seheinschränkung sehen sich häufig
selbst nicht als behindert. Die Erkrankungen gehören zum Alter
dazu oder werden zumindest so wahrgenommen.
Ein Betroffener sagt im Allgemeinen nicht: "Ich bin behindert",
sondern nennt die konkrete Behinderung. Er sagt also eher:
"Ich bin blind" oder "ich bin querschnittsgelähmt".
Das wird relevant, wenn man etwa in einer großen
Organisation die Gesamtheit der behinderten Menschen
ansprechen möchte. Eine allgemeine Ansprache könnte so
aussehen:

- Personen mit einem festgestellten Grad der
  Behinderung
- Personen mit einer anerkannten
  Schwerbehinderung
- Personen mit einer festgestellten psychischen
  oder chronischen Erkrankung oder einer
  Behinderung

Wie Behinderungen von den Betroffenen und von der
Gesellschaft wahrgenommen werden, wandelt sich stetig.
Aktuell gibt es drei Paradigmen:

- Das älteste Modell ist rein biologisch orientiert: Der
  Mensch wird nach seiner Leistungsfähigkeit
  gemessen. Da es in der Vergangenheit nur einfache
  Hilfsmittel und kaum Barrierefreiheit gab, war es den
  behinderten Menschen kaum möglich, an der
  Gesellschaft teilzuhaben. Es lag im Wesentlichen beim
  Individuum, seine Einschränkungen auszugleichen.
  Dieses Modell war lange Zeit vorherrschend und ist es
  in vielen Weltregionen nach wie vor.
- Das bio-soziale Modell geht davon aus, dass die

Gesellschaft dafür verantwortlich ist, dass Barrieren entstehen. Diese Sichtweise drückt sich in dem Slogan "Ich bin nicht behindert, die Gesellschaft behindert mich" aus. Dieses Modell ist aktuell beliebt bei großen Teilen der Behindertenbewegung. Das bio-soziale Modell bürdet der Gesellschaft die gesamte Verantwortung auf, während das Individuum als ein handlungsunfähiges Objekt der Gesellschaft erscheint.

- Das sich heute allmählich etablierende Modell ist das bio-psycho-soziale Modell. Es geht von einer Wechselwirkung zwischen Individuum und Gesellschaft aus. Der Mensch hat Einschränkungen und die Gesellschaft schafft zusätzliche Barrieren. Durch spezifische Maßnahmen können die Einschränkungen ausgeglichen und die Barrieren reduziert werden. Behinderte Menschen werden unterstützt und nicht allein gelassen, behalten jedoch den Einfluss auf ihr Schicksal.

Vor allem bei den jüngeren behinderten Menschen werden sich voraussichtlich das dritte Modell und das entsprechende Selbstbild durchsetzen. Sie werden selbstverständlich davon ausgehen, dass sie Teil der Gesellschaft sind und diese mitgestalten wollen. Sie werden sich jedoch nicht als Opfer der Gesellschaft betrachten, da ihr Selbstverständnis als handlungsfähiges Subjekt das nicht widerspiegelt.

Amtliche Sicht

Im amtlichen Sinne gilt eine Person als behindert, wenn sie einen Grad der Behinderung erhalten hat. Schwerbehindert ist eine Person mit einem GdB von 50 oder höher. Der Grad der Behinderung und die amtlich anerkannten Einschränkungen werden im Feststellungsbescheid mitgeteilt und können mit diesem Bescheid nachgewiesen werden. In manchen Fällen reicht auch ein ärztliches Attest oder eine professionell durchgeführte Messung etwa von einem Optiker oder Hörgeräte-Akustiker, um eine Einschränkung nachzuweisen. Eine Behinderung muss mindestens sechs Monate bestehen bzw. voraussichtlich mindestens sechs Monate bestehen, um amtlich bescheinigt zu werden. Eine temporäre Einschränkung wie ein gebrochener Arm zählt in diesem Sinne nicht als Behinderung.

Bei einigen Erkrankungen wie einem Herzinfarkt oder Schlaganfall wird zumeist der Rehabilitationsprozess abgewartet, bevor ein Antrag auf einen GdB bearbeitet wird. Der Hintergrund ist, dass in der Regel nicht absehbar ist, welche mittelfristigen Einschränkungen die Krankheit mit sich bringt bzw. was sich mit einer Reha und anderen Maßnahmen ausgleichen lässt.

Klassifikation von Behinderungen durch das ICF

Behinderungen werden seit dem Jahr 2001 mit dem ICF – Internationale Klassifikation der Funktionsfähigkeit, Behinderung und Gesundheit (International Classification of Functioning, Disability and Health) eingeteilt. Während frühere Modelle rein biologisch fundiert waren, basiert die aktuelle ICF auf einem bio-psycho-sozialen Modell. Es betrachtet also nicht nur die Physiologie einer Person, sondern bezieht auch das Umfeld mit ein.

Formen von Einschränkungen

Eine Behinderung ist die Folge einer Erkrankung, aber nicht die Erkrankung selbst. Blindheit zum Beispiel ist eine Behinderung mit verschiedenen Ursachen. Die Erkrankungen können etwa Retinitis Pigmentosa, Grüner Star, diabetische Retinopathie oder andere Erkrankungen sein. Das heißt, verschiedene Erkrankungen führen zur gleichen Behinderung.

In einigen Fällen sind zwar die Symptome erkennbar, es ist jedoch keine eindeutige Diagnose möglich. Häufig handelt es sich um genetische Erkrankungen.

Viele Erkrankungen, die zu Behinderungen führen zählen zu den seltenen Erkrankungen. Deshalb haben zum Beispiel viele Augenärzte nur wenig Erfahrung im Umgang mit Erkrankungen, die zur Erblindung führen. Es gehört nicht zu ihrem Arbeitsalltag, eventuell haben sie sich seit dem Studium nicht mehr mit diesen Erkrankungen beschäftigt.

Einige Behinderungen haben ihrerseits indirekte Erkrankungen zur Folge. So haben viele Querschnittsgelähmte Probleme mit dem Blutdruck oder der Verdauung. An Multipler Sklerose erkrankte Personen können Zustände der Erschöpfung, Fatigue genannt, verspüren. Einige Medikamente können als Nebenwirkung permanente Müdigkeit verursachen oder zu Übergewicht beitragen. Latente Einschränkungen etwa des Sehvermögens oder temporäre Erkrankungen wie ein Hexenschuss können die Menschen zwar stark einschränken, zählen aber im amtlichen Sinne nicht als Behinderung. Sie sind oft behandelbar oder können durch Hilfen oder Medikamente soweit ausgeglichen werden, dass sie im Alltag keine große Rolle spielen. Es können für die Praxis vier Kategorien von Einschränkungen unterschieden werden:

- Sinnes- und Körperbehinderungen
- Kognitive, auf das Gehirn zurückführbare Behinderungen

- Chronische, seltene und psychische Erkrankungen
- Spät- und Mehrfach-Behinderungen sowie altersbedingte Einschränkungen

Die folgende Liste soll einen groben Überblick über die unterschiedlichen Einschränkungen und ihre Folgen bieten. Die Darstellung ist sehr rudimentär und vermittelt nur grundlegende Informationen. Detailliertere Informationen zu den Behinderungen finden Sie etwa bei der Wikipedia oder den Behinderten-Organisationen. Persönliche Berichte finden Sie in Form von persönlichen Webseiten, Blogs und allen Social-Media-Kanälen. In speziellen Internetforen sowie Facebook-Gruppen können Sie sich ebenfalls zu einzelnen Behinderungen informieren oder austauschen. In der Regel sind dort auch Personen ohne Behinderung willkommen.

Sinnes- und Körperbehinderungen

Bei Sinnes- und Körperbehinderungen ist ein Sinnesorgan oder eine Körperfunktion eingeschränkt oder die Funktion fehlt vollständig.
Sehbehinderte Menschensehen auf dem besseren Auge 30 Prozent oder weniger. Man geht von ca. 1 Millionen Sehbehinderten aus. Zu den Hilfsmitteln gehören Brillen, Lupen und weitere spezielle Hilfsmittel.
Blinde Menschen können vollständig erblindet sein, man spricht dann von vollblind. Die meisten Blinden verfügen über einen Sehrest, können etwa Licht oder Schemen wahrnehmen. In der Szene spricht man von Sehrestlern. Vor dem Gesetz gelten Menschen mit weniger als 2 Prozent Visus oder 5 Prozent Gesichtsfeld auf dem besseren Auge als blind. Es gibt ca. 100.000 bis 150.000 blinde Personen in Deutschland. Die meisten Blinden sind Senioren. Blinde verwenden Blindenstöcke, Blindenführhunde sowie spezielle Technologien zur Nutzung von Computern.

Es gibt ca. 15 Millionen schwerhörige Menschen in Deutschland. Davon ist etwa die Hälfte mittel- oder hochgradig schwerhörig. Hörgeräte sind hier die häufigsten Hilfsmittel. Ein Cochlea-Implantat kann bei einigen Formen der Schwerhörigkeit die Hörleistung steigern.

Gehörlose können an Taubheit grenzend schwerhörig sein, sie können aber auch vollständig ertaubt sein. Von Geburt an gehörlose Menschen beherrschen in der Regel die Gebärdensprache. Spätertaubte Menschen beherrschen die Gebärdensprache in der Regel nur eingeschränkt. Hauptproblem für diese Gruppe ist die Kommunikation mit hörenden Personen. Als Hilfsmittel hat sich die Gebärdensprache etabliert.

Motorisch eingeschränkte Personen haben ein breites Spektrum: Es reicht von einer einfachen Bewegungseinschränkung bis hin zur vollständigen Querschnittslähmung. Entsprechend unterschiedlich sind auch die Probleme und Hilfsmittel.

Es gibt Hilfsmittel wie adaptierte Mäuse und Tastaturen sowie Sprach- und Augensteuerung zum Bedienen von Technologien. Gehhilfen wie Rollatoren und Rollstühle gehören vielerorts zum Straßenbild. Daneben existieren zahlreiche spezielle Hilfsmittel wie Roboterarme, Pflegebetten oder die Haus-Automatisierung.

Zu nennen wären außerdem noch sprachliche Behinderungen, die auf Erkrankungen des Sprechapparats oder des Gehirns zurückgehen. Diese Menschen sind nur eingeschränkt oder nicht in der Lage, verbal mit anderen Menschen zu kommunizieren. Als Hilfsmittel können die Betroffenen unterschiedliche Hilfen aus der unterstützten Kommunikation einsetzen.

Kognitive Behinderungen

Kognitive Behinderungen betreffen Erkrankungen des Gehirns.

Es ist bei den Betroffenen aus unterschiedlichen Gründen nicht in der Lage, Informationen zu verarbeiten bzw. zu speichern oder Reize zu filtern. Bei dieser Gruppe sind die Einschränkungen sowie deren Ursachen und Auswirkungen sehr unterschiedlich.

Eine große Gruppe bilden lernbehinderte Menschen, sie wurden früher als geistig behindert bezeichnet. Eine bekannte Personengruppe sind etwa Menschen mit Down-Syndrom. Das Maß der Behinderung ist sehr unterschiedlich. Sie benötigen etwa Hilfe bei behördlichen Angelegenheiten oder bei der Arbeit mit komplexen Benutzeroberflächen wie Computern. Bitte beachten Sie, dass in einigen Bereichen noch zwischen geistiger Behinderung und Lernbehinderung unterschieden wird. Lernbehinderungen und Lernstörungen sind außerdem zwei vollkommen unterschiedliche Bereiche.

Eine weitere Gruppe sind Autisten und Epileptiker. Autisten haben Probleme, starke Reize zu filtern. Bei Epilepsie können bestimmte Frequenzen beim Blitzen, Flackern und Flimmern Anfälle begünstigen. Ihre Gemeinsamkeit ist die Anfälligkeit für störende Reize. Ebenfalls in die Gruppe der Personen mit kognitiven Einschränkungen fallen Menschen mit Aufmerksamkeits- oder Lernstörungen wie ADHS, Legasthenie oder Dyslexie. Sie haben Schwierigkeiten, komplexe Informationen aufzunehmen, zu verarbeiten und sich einzuprägen. , weil sie sich nicht konzentrieren können oder eine Verarbeitungsstörung im Gehirn vorliegt. Diese Gruppe wird klassisch nicht als behindert eingestuft und erhält selten einen Schwerbehindertenausweis. Eine wachsende Gruppe sind oft ältere Menschen mit Erkrankungen des Gehirns. Zu nennen wären hier Personen mit demenziellen Erkrankungen. Zu den häufigen Problemen gehören Gedächtnis- und Konzentrationsprobleme. Da das Gehirn betroffen ist, kann diese Gruppe auch weniger gut Probleme ausgleichen. Es gibt für sie wesentlich weniger Hilfsmittel oder alternative Strategien als für Sinnes- und Körperbehinderte.

Chronische, psychische und seltene Erkrankungen

Chronische und psychische Erkrankungen sind sehr vielfältig. Häufige chronische Erkrankungen sind etwa Lungen- und Herzkrankheiten. Zu den häufigen psychischen Erkrankungen gehören Angststörungen oder Psychosen.

Diese Erkrankungen können je nach ihrem Schweregrad auch zu einem Schwerbehindertenausweis berechtigen. Allerdings ist es aktuell für körperbehinderte oder an den Organen erkrankte Personen deutlich leichter, eine Behinderung anerkannt zu bekommen als für psychisch erkrankte Menschen. Physische Einschränkungen und ihre Folgen lassen sich leichter objektiv diagnostizieren.

Als selten wird in Europa eine Krankheit bezeichnet, wenn eine von 2000 oder weniger Personen die Krankheit haben. Dabei geht es auch um seltene Unterformen häufiger Erkrankungen. Es gibt etwa spezielle Formen von Rheuma, die wenige Personen betreffen.

Bisher sind mehrere tausend seltene Krankheiten beschrieben worden. Fast alle genetisch verursachten Krankheiten sind selten, aber nicht alle seltenen Krankheiten sind genetisch bedingt. Viele Behinderungen werden durch seltene Erkrankungen verursacht. Insgesamt sollen 6 bis 8 Prozent der Deutschen eine seltene Krankheit haben.

Seltene Erkrankungen sind schwer zu diagnostizieren und schwer zu behandeln. Oft haben die Patienten eine Odyssee an Arztbesuchen hinter sich. Und auch wenn die Krankheit schließlich erkannt wird, gibt es häufig keine geeignete Behandlung.

Ältere Menschen, Spät- und Mehrfachbehinderte

Komplizierter wird es bei drei speziellen Gruppen, die quasi

Querformen der oben genannten Einschränkungen darstellen:
Die Mehrfachbehinderten, die Spätbehinderten und die älteren
Menschen.
Beschäftigen wir uns zunächst mit den mehrfachbehinderten
Menschen. Die oben genannten Einschränkungen können in
beliebiger Kombination auftreten. Das heißt, zwei oder mehr
Einschränkungen können bei einer Person unterschiedlich stark
ausgeprägt sein. Die Zahl der Betroffenen ist unbekannt.
Die Schwierigkeit für körper- und sinnesbehinderte
Menschenliegt in der doppelten oder vielfachen
Einschränkung. Normalerweise kann eine einzelne
Einschränkung durch einen anderen Sinn oder eine andere
Fähigkeit zumindest teilweise ausgeglichen werden. Ein Blinder
kann etwa sein Gehör zur Orientierung nutzen oder ein
Gehörloser sein Sehvermögen. Sind aber beide Sinne
eingeschränkt oder funktionieren nicht, dann kann der
fehlende Sinn nicht ohne Weiteres ausgeglichen werden.
Die Probleme potenzieren sich, wenn mehrere
Einschränkungen zugleich auftreten. So hat eine Person mit
Sozialphobie, die auch noch blind ist, größere Probleme, sich
Hilfe zu holen als eine Person, die ausschließlich blind ist. Die
Einschränkungen verstärken sich gegenseitig. Dadurch können
auftretende Probleme schwerer gelöst werden.
Eine weitere spezielle Gruppe sind Menschen, deren
Behinderung erst Jahre nach der Geburt eintritt oder sich
verschärft. Die meisten Behinderungen bestehen nicht von
Geburt an. Laut dem Statistischen Bundesamt treten die
meisten Behinderungen im reiferen Alter auf. Nur 4 Prozent
der Behinderungen sind angeboren oder im ersten Lebensjahr
erworben worden. Wer aber im höheren Alter behindert wird,
hat es schwerer, die Behinderung auszugleichen. Ein
Geburtsblinder etwa ist in der Regel gut an seine Situation
angepasst. Er weiß sich zu orientieren und hat Strategien zum
Lösen von alltäglichen Problemen entwickelt. Wer erst im
reiferen Alter erblindet, wird wesentlich größere Probleme

haben, sich anzupassen. Er muss eine neue Art der
Orientierung oder des Umgangs mit Technik erlernen. Auch die
psychischen Herausforderungen können groß sein: Häufig
fallen Betroffene in eine längere Phase der Depression.
Als spät-behindert kann eine Person gelten, wenn ihre
Behinderung im Jugendalter oder später auftritt oder sich eine
Behinderung zu diesem Zeitpunkt verstärkt. Musterbeispiel
sind etwa Personen mit grünem Star. Sie erblinden häufig, aber
wegen verbesserter Behandlungsmöglichkeiten kann das
Sehvermögen häufig bis ins mittlere Alter erhalten werden.
Davon getrennt zu betrachten sind ältere Menschen mit
leichten Einschränkungen. Mit jedem Lebensjahr steigt die
Wahrscheinlichkeit, dass mehrere Erkrankungen mehr oder
weniger stark auftreten. Hinzu kommt möglicherweise ein
höheres Ruhebedürfnis, Probleme, den öffentlichen
Nahverkehr zu nutzen oder länger aufmerksam zu sein. Die
älteren Menschen sollten von den Spät-Behinderten aus zwei
Gründen unterschieden werden:

- Jüngere Spät-Behinderte haben in der Regel mehr
  Kapazitäten, sich an die Behinderung anzupassen. Tritt
  nur eine Behinderung ein, sind die Chancen, sie
  ausgleichen zu können relativ gut. Treten mehrere
  latente Einschränkungen fast gleichzeitig ein und fehlt
  die körperliche und psychische Flexibilität aus
  jüngeren Jahren, ist es schwerer, die Einschränkungen
  auszugleichen.
- Spät-Behinderte im arbeitsfähigen Alter erhalten in
  der Regel eine angemessene Rehabilitation, damit sie
  in den Beruf zurückkehren können. Personen im
  Rentenalter bekommen deutlich weniger
  Unterstützung.
- Je nach Alter ist es einfacher oder schwieriger, neue
  Strategien zu erlernen.

- Bei Spät-Behinderten in unserem Sinne liegt in der Regel nur eine starke Einschränkung vor. Bei älteren Menschen liegen häufig mehrere Einschränkungen vor. Sie sind möglicherweise jede für sich genommen nicht schwerwiegend, wirken sich aber in der Kombination einschränkend aus. Wie bei Mehrfach-Behinderten verstärken sich die Einschränkungen gegenseitig.

Eine klare Abgrenzung zwischen spät- und mehrfach-Behinderten zu älteren Menschen mit latenten Einschränkungen gibt es nicht. Mein Vorschlag wäre, eine Behinderung bis zum 55. Lebensjahr als Spät-Behinderung zu bezeichnen. Ab diesem Alter wird die Person, wenn die neu eingetretene Behinderung sie stark einschränkt sehr wahrscheinlich eher verrentet als beruflich rehabilitiert. Doch sind die Grenzen zwischen den Gruppen stets fließend.

Demographie bei Behinderung

Der größte Teil der Behinderungen ist nicht angeboren, sondern erworben.
Der Unterschied zwischen Geburts- und Spät-Behinderten kann groß sein. Von Geburt an behinderte Menschen sind in der Regel sehr gut an ihre Behinderung angepasst. Sie haben Strategien entwickelt, um mit auftretenden Problemen umzugehen. Sie beherrschen die Hilfsmittel, die es für sie gibt. Spät-Behinderte Menschen müssen oft vollständig umlernen. Wer etwa mit 35 sehen konnte und dann erblindet, muss vollkommen neu lernen, sich zu orientieren. Er muss seinen Haushalt anders organisieren und so weiter. Ebenso ergeht es Personen, die plötzlich auf einen Rollstuhl angewiesen sind.
Die Zahl der "leichten" Behinderungen wird durch die Alterung der Bevölkerung zunehmen. Vor allem mehrfache Einschränkungen von Sehen, Hören, Beweglichkeit und

kognitiver Verarbeitungsfähigkeit nehmen im Alter zu.
Allerdings werden auch schwere Einschränkungen zunehmen.
Je höher das Alter, desto höher ist die Wahrscheinlichkeit einer
schweren Behinderung.
Es gibt zwei Megatrends in der Entwicklung der Behinderten-
Demografie.

- Durch vorgeburtliche Untersuchungen sowie durch
  bessere Versorgungsmöglichkeiten geht die Zahl
  geburtsbehinderter Personen stetig zurück.

- Durch die bessere medizinische Versorgung steigt die
  Lebenserwartung der Menschen stetig an. Durch ein
  höheres Lebensalter steigt aber auch die
  Wahrscheinlichkeit einer Behinderung an.

Dabei ist das System der Rehabilitation vor allem auf die
Unterstützung von Kindern oder Personen im arbeitsfähigen
Alter ausgerichtet. Es gibt kaum Hilfs-Angebote für ältere
Menschen mit einer neu erworbenen Behinderung. Ausnahme
von dieser Regel sind kognitive oder psychische Erkrankungen
wie Aufmerksamkeitsstörungen. Sie werden deutlich häufiger
diagnostiziert.

Dimensionen Von Behinderung/Wie stark wirkt sich eine Behinderung aus?

Die amtliche Bewertung einer Behinderung findet über die Versorgungs-Medizin-Verordnung (VersMedV) statt. Doch ist dieser Bewertungsmaßstab nicht immer optimal. Insgesamt lassen sich eine ganze Reihe von Faktoren beschreiben, wie stark eine Behinderung sich auf das Individuum auswirkt. Diese Faktoren sind individuell und für einen Außenstehenden schwer einzuschätzen. Generell lassen sich drei Dimensionen unterscheiden:

- persönliche Dimension

- soziale Dimension

- öffentliche Dimension

Bitte beachten Sie: Es geht um sehr allgemeine Aussagen. Sie mögen in vielen Fällen zutreffen. Es gibt aber zahlreiche Ausnahmen. Dennoch halte ich eine Typisierung für sinnvoll. Außerdem können sich alle Faktoren in die eine oder andere Richtung verändern.

Die persönliche Dimension

Bei der persönlichen Dimension handelt es sich um Faktoren, die in der jeweiligen Person liegen.
Im Allgemeinen gilt, dass eine Behinderung umso besser physisch und psychisch bewältigt und mit ihr umgegangen werden kann, je früher sie eingetreten ist. Ein Geburts- oder Früh-Behinderter muss sich nicht bzw. wenig umstellen. Er kann frühzeitig Strategien entwickeln oder lernen, mit Hilfsmitteln umzugehen.
Je stärker eine Behinderung ist, desto stärker schränkt sie die

Person ein: So gelten Blinde oder Gehörlose allgemein als stärker eingeschränkt als Sehbehinderte oder Schwerhörige. Doch wird der absolute Härtegrad einer Behinderung oft überbewertet:

Ist zum Beispiel jemand von Geburt an blind, wirkt sich das anders aus als eine im mittleren Alter eingetretene starke Sehbehinderung. Nehmen wir ein einfaches Beispiel: Die meisten Menschen meinen, dass ein vollständig erblindeter Mensch größere Probleme im Alltag hat als ein Mensch, der noch zehn Prozent sieht. Häufig ist das auch so.
Doch ist nicht der Sehrest der entscheidende Faktor. Ein Mensch, der blind zur Welt kam, hat ein ganzes Leben Zeit, sich mit der Behinderung zu arrangieren. Er kann den Haushalt und die Mobilität problemlos erledigen, er kann einer Arbeit nachgehen und eine Familie gründen. Auf der anderen Seite haben wir jemanden, der vielleicht mit 30 Jahren einen Großteil seines Sehens eingebüßt hat. Je nach seinem Lebensweg kann es sein, dass er seinen ursprünglichen Beruf nicht mehr ausüben kann. Er kann einen Führerschein gehabt haben, den er jetzt abgeben muss. Er kann nicht mehr problemlos einkaufen, weil er die Beschriftungen auf den Verpackungen nicht mehr erkennen kann. Er hat Angst, den Bus oder die Bahn zu nutzen, weil er die Anzeigen nicht mehr lesen kann. Er kann den Bildschirm seines Notebooks nicht mehr erkennen und verliert damit den Zugang zur Technologie und zum Internet. Er könnte sogar Angst haben, vor die Tür zu gehen, weil er häufig stolpert, mit anderen Menschen zusammenstößt oder befürchtet, überfahren zu werden. Er ist es nicht gewohnt, sich für alltägliche Aufgaben Hilfe, etwa von Passanten, zu erbitten und meidet deshalb Situationen, in denen er Hilfe von Fremden brauchen könnte. Er kann nicht mehr ohne Weiteres Kontakt mit anderen Menschen aufbauen oder flirten, weil Vieles davon über Blickkontakt und Mimik funktioniert.

Die Schwere einer Einschränkung kann durch weitere Behinderungen verstärkt werden. Ich hatte das im Abschnitt zur Mehrfachbehinderung bereits beschrieben.
Ein weiterer wichtiger Faktor ist das Alter der Betroffenen Person. Je älter sie ist, desto schwerer wird es ihr fallen, mit einer Behinderung umzugehen. Das liegt daran, dass weitere latente physische oder kognitive Einschränkungen eintreten können.
Das wiegt umso schwerer, wenn die Behinderung erst im reiferen Alter auftritt. Es gilt aber auch, wenn sie bereits von Geburt an besteht. Eine von Geburt an blinde Person zum Beispiel kann im Alter Probleme bekommen, den Blindenstock zu verwenden, weil ihr die nötige Kraft und Feinmotorik fehlen.
Persönlichkeits-bezogene Faktoren wie die Widerstandsfähigkeit der Person werden oft unterbewertet. Neigt eine Person eher dazu, die negativen Seiten einer Situation zu betonen, wird sie größere Probleme haben, mit der Behinderung zurecht zu kommen. Das Thema Widerstandsfähigkeit wird in der Selbsthilfe aktuell stärker diskutiert und entsprechende Trainings sind Bestandteil vieler Programme, welche Selbstbestimmung und Selbstbehauptung fördern sollen.
Eine neu eingetretene Behinderung kann die Person auch psychisch stark einschränken. Viele Betroffene fallen erst einmal in eine Depression, die erst mit der Zeit oder durch psychologische Hilfe überwunden wird. Das gilt auch, wenn eine Behinderung sich verschärft, etwa wenn ein Schwerhöriger gehörlos oder ein Sehbehinderter blind wird. Außenstehende unterschätzen häufig den Unterschied zwischen geringen und keinen praktisch nutzbaren Sinneswahrnehmungen.
Trotz allem technischen Fortschritt ist es für behinderte Menschen wichtig, um Hilfe zu bitten. Gerade bei alltäglichen Verrichtungen fällt das vielen Betroffenen schwer. Ein Sehbehinderter zum Beispiel muss fragen, welche

Bushaltestelle als Nächstes kommt, wenn er das Display nicht lesen kann. Da seine Sehbehinderung nicht offensichtlich ist, muss er außerdem erklären, warum er fragt. Vielen Betroffenen ist das unangenehm, unter anderem, weil viele Befragte gar nicht oder ablehnend reagieren.

Auch fällt es vielen Betroffenen schwer, fremde Hilfe zu akzeptieren. Teilweise ist ihnen beigebracht worden, dass sie es ohne Hilfe hinkriegen müssen. Sie haben das Gefühl des Versagens, wenn sie etwas nicht selbst schaffen.

Die soziale Dimension

Es kommt häufig vor, dass das soziale Umfeld mit einer bestehenden oder neu eingetretenen Behinderung nicht umgehen kann. Wer etwa auf einen Rollstuhl angewiesen ist, kann weniger spontan sein. Eine blinde Person ist stärker auf persönliche Hilfe angewiesen als eine sehende. Partner, Freunde und Bekannte können dies als Belastung wahrnehmen und sich abwenden. Diese soziale Isolation kann für den Betroffenen schlimmer sein als die eigentliche Behinderung. Soziale Beziehungen sind ein wichtiger Faktor für das persönliche Wohlbefinden.

Die Geburt eines behinderten Kindes ist häufig ein Grund für die Trennung der Eltern. In der Regel muss sich die Mutter allein um das Kind kümmern, wobei ihre Möglichkeiten zum Geld-Verdienen und einen Ausgleich zu nehmen eingeschränkt sind.

Auch bei einer von Geburt an bestehenden Behinderung ist soziale Isolation im Erwachsenen-Alter nicht selten. Gerade wenn der Betroffene arbeitslos ist, auf dem Land lebt oder mehrere Behinderungen hat, kann das Aufbauen und Pflegen sozialer Kontakte schwierig sein.

Weitere Gründe sind sowohl persönlichen als auch sozialen Ursprungs: Stark Sehbehinderten und Blinden ist die übliche Kontaktaufnahme via Blickkontakt nicht möglich. Wenn sie nicht eigene Strategien der Kontakt-Anbahnung entwickelt haben, gibt es kaum Beziehungen zu sehenden Personen. Das ist ein Grund dafür, warum viele Liebesbeziehungen und Freundschaften innerhalb der eigenen Behindertengruppe stattfinden.

Für Blinde ist es auch nicht möglich, eine Person auf der Straße oder in der Firma wieder zu erkennen. So können Beziehungen weniger leicht aufgebaut und vertieft werden. Nachbarn und Kollegen können dieses Verhalten als unhöflich wahrnehmen, weil sie nicht verstehen, dass der Blinde sie nicht erkannt hat. Analoges gilt für Gehörlose oder Schwerhörige. Für Gehörlose sind die Kommunikationsmöglichkeiten mit Hörenden eingeschränkt. Ein geflügeltes Wort ist "Blindheit trennt einen Menschen von den Dingen, Gehörlosigkeit von den Menschen". Die soziale Isolation verstärkt sich für Sinnes-Behinderte, wenn sie keine ebenfalls betroffenen Menschen finden, mit denen sie sich austauschen können.

Für motorisch behinderte Menschenverkleinert die räumliche Barrierefreiheit den Bewegungsradius und die Möglichkeit, mit anderen Menschen in Kontakt zu kommen.

Autisten fällt es häufig schwer, Beziehungen mit anderen Menschen aufzubauen oder zu pflegen. Andere behinderte Menschenwie etwa Menschen mit Down-Syndrom kommen selten in Kontakt mit Nicht-Behinderten. Es gibt außerdem ihnen gegenüber Hemmungen auf Seiten der Nicht-Behinderten.

Eine sichtbare Behinderung oder Kommunikationsprobleme wie Stottern oder ein Sprachfehler können ebenfalls zur sozialen Isolation beitragen. Die Person kann von ihrer Umgebung abgelehnt werden. Oder sie vermeidet Kontakte, weil sie sich vor Ablehnung fürchtet. Viele Betroffene schämen sich schlicht für ihre Behinderung.

Durch Social Media hat sich die Situation ein wenig verändert:

Sichtbare Behinderungen können im Internet länger unsichtbar bleiben. Kommunikative Barrieren wie ein Sprachfehler oder Gehörlosigkeit spielen bei der digitalen Kommunikation eine geringere Rolle.

Doch bleiben persönliche Face-to-Face-Kontakte für das persönliche Wohlbefinden wichtig. Dabei geht es nicht nur um Liebesbeziehungen und gemeinsame Unternehmungen, auch wenn diese wichtig sind. Es geht auch darum, dass sich Freunde gegenseitig helfen, etwa beim Ausfüllen der Steuererklärung, bei einem Wohnungsumzug oder wenn es darum geht, einen vertrauenswürdigen Arzt zu finden. Je weniger gut das persönliche soziale Netz ausgebaut ist, desto stärker ist die Person auf fremde Hilfe und insbesondere staatliche Unterstützung angewiesen.

Die öffentliche Dimension

Neben der persönlichen und der sozialen Dimension ist auch die Frage des öffentlichen Unterstützungssystems wichtig. Kinder, Jugendliche und Erwachsene im Arbeitsleben haben gute Chancen, eine angemessene Förderung, Reha und Hilfsmittel zu erhalten. Gilt eine Person als nicht mehr rehabilitier bar bzw. steht sie kurz vor dem Rentenalter oder ist bereits Rentner, hat sie aktuell kaum Chancen auf eine angemessene Rehabilitation.

Für Blinde gibt es etwa das Mobilitätstraining und die lebenspraktischen Fertigkeiten (LPF). Bei LPF geht es darum, häusliche Fähigkeiten wie Hygiene, Kochen und Putzen als Blinder zu beherrschen. Mobilitätstraining soll es ermöglichen, sich selbständig zu orientieren, Bus und Bahn zu nutzen oder einzukaufen. Für ältere Personen ist es relativ schwierig, diese Hilfen zu erhalten.

Auch wenn das Hilfe-System in Deutschland ausgebaut ist, sind auch finanzielle Faktoren wichtig. Zum Beispiel ist der barrierefreie Umbau einer Wohnung oder eines Autos sehr kostspielig, die Kosten werden selten vollständig von einem Kostenträger übernommen. Für Sehbehinderte ist es teils schwierig, die teuren Brillen von der Krankenkasse finanziert zu bekommen.

Wer hingegen noch erwerbstätig ist, hat gute Chancen, einen größeren Teil der Kosten von einem Kostenträger finanziert zu bekommen. Das heißt praktisch: Wer mittellos ist, hat schlechtere Chancen, ein angemessenes Hörgerät, eine passende Brille oder ein ausreichendes Mobilitätstraining zu bekommen. Finanzielle Armut kann also die Lebensqualität deutlich einschränken.

Bei körperlichen Behinderungen ist das Thema räumliche Barrierefreiheit besonders wichtig. Ein Rollstuhlfahrer kann sich nur selbständig bewegen, wenn die Wohnung, das Umfeld und sein Arbeitsplatz barrierefrei sind. Verfügt er über kein eigenes Auto, müssen auch die öffentlichen Verkehrsmittel barrierefrei sein. In der Regel ist das in Großstädten eher der Fall als in Kleinstädten oder auf dem Land. Die mangelnde Barrierefreiheit kann die Wahlfreiheit insbesondere gehbehinderter Menschen etwa bei der Wahl des Arbeitsplatzes, der Arztpraxis und in weiteren Bereichen einschränken.

Auch was die Freizeitgestaltung angeht, sind insbesondere gehbehinderte, aber auch sinnes-behinderte Menschen eingeschränkt. Sind die Einrichtungen nicht barrierefrei, können Behinderte ihre Nicht-Behinderten Freunde nicht begleiten. Das kann die oben genannte soziale Isolation weiter verstärken. Tendenziell sind Großstädte besser für körper- und sinnesbehinderte Menschen geeignet: Der öffentliche Verkehr ist besser ausgebaut, es gibt mehr Auswahl an barrierefreien Arztpraxen, Bankfilialen, Einkaufsmöglichkeiten und so weiter. Doch sind gerade Rollstuhlfahrer stark von der Wohnungsknappheit in Großstädten betroffen: Sie benötigen rollstuhlgerechte Wohnungen, die nach wie vor Mangelware und teuer sind.

Sichtbare und unsichtbare Behinderungen

Der Umgang mit sichtbaren Behinderungen ist recht
unterschiedlich. Häufig schrecken sie andere Menschen ab.
Besonders negativ können sich Auffälligkeiten im Gesicht
auswirken, zum Beispiel Verbrennungen, Narben oder
Auffälligkeiten an den Augen. Es liegt in der Natur von
Menschen, dass sie Abweichungen intuitiv ablehnen.
Betroffene gehen unterschiedlich mit solchen Behinderungen
um. Manche Menschen vermeiden den Kontakt mit anderen
Personen. Sie wollen den negativen Reaktionen und der
Ablehnung ausweichen, die sie bei ihrem Gegenüber kennen
oder vermuten. Andere Menschen, zumeist Geburtsbehinderte
können recht offen mit der Auffälligkeit umgehen.
Im Wesentlichen scheint der Umgang mit sichtbaren
Behinderungen vom Selbstbewusstsein des betroffenen
Individuums abzuhängen.
Der Soziologe Erwing Goffman hat sich in seinem Werk
"Stigma" ausführlich mit dem Thema sichtbare Behinderungen
und Strategien beschäftigt.
Sichtbare Behinderungen haben den Vorteil, dass der
Betroffene sie nicht aktiv kommunizieren muss. Die
Behinderung und ihre offensichtlichen Folgen liegen auf der
Hand.
Menschen mit einer nicht-sichtbaren Behinderung müssen
hingegen jedes Mal überlegen, ob sie es ansprechen oder
nicht. Ist es in der konkreten Situation nicht relevant, sprechen
sie wahrscheinlich auch nicht darüber.
Anders sieht es aus, wenn die Behinderung an einer konkreten
Aktivität hindert. Schwerhörige oder Sehbehinderte genieren
sich oft, eine Fehlwahrnehmung zu gestehen oder um Hilfe zu
bitten.
Viele stark Sehbehinderte weigern sich trotz des Risikos, einen
Blindenstock zu benutzen. Während Brillen heute durchaus ein
modisches Accessoire sind, werden Hörgeräte oft nur ungern

getragen.

Bestimmte Behinderungen wie Autismus sind außerdem zusätzlich stigmatisiert. Wer als Autist gilt, verschlechtert eventuell seine Chancen auf einen Job oder eine Beförderung, weil Autisten als unkommunikativ gelten. Solche Stigmatisierungen gibt es auch in vielen anderen Bereichen von Behinderung.

Bewältigung von Behinderungen

In diesem Abschnitt möchte ich Ihnen zeigen, welche Möglichkeiten behinderte Menschenhaben, um mit einer Behinderung umzugehen.

Medizinische und berufliche Rehabilitation

Tritt eine Behinderung frisch ein oder verstärkt sich, besteht die erste Maßnahme in einer Rehabilitation.
Die medizinische Reha wird nach der Diagnose durchgeführt. Sie kann aus operativen Eingriffen, temporären oder dauerhaften Behandlungen bestehen. Regelmäßige medizinische Behandlungen wie etwa die Dialyse können zeitaufwendig und kräfte-zehrend sein. Medikamente haben häufig starke Nebenwirkungen. Das heißt, auch eine behandelbare Erkrankung kann sehr kraftraubend sein. Daneben gibt es verschiedene nicht-medizinische Maßnahmen. Dazu gehören Therapieformen wie Physio-, Logo- oder Ergotherapie. Sie finden in der Regel zeitlich begrenzt statt. Neben der medizinischen Reha gibt es auch die berufliche Reha. Kann der Betroffene seinen Beruf mit der neuen Behinderung nicht mehr ausüben, wird er entweder darin geschult, ihn mit neuen Hilfsmitteln auszuüben. Oder er wird umgeschult, um einen mit der Behinderung machbaren Beruf zu erlernen. Abhängig von der Qualifikation, dem Alter und der Schwere der Einschränkung können behinderte Menschen auch sehr jung in Erwerbsminderungsrente geschickt werden. Speziell für Blinde gibt es außerdem die blindentechnische Grundausbildung. Sie besteht darin, einer frisch erblindeten Person die Blindenschrift, die blinde Führung des Haushalts sowie Techniken der Orientierung und Mobilität beizubringen.

Hilfsmittel

Vor allem für sinnes- und körperbehinderte Menschengibt es
eine Fülle an Hilfsmitteln. Diese Hilfsmittel lassen sich in
unterschiedliche Gruppen einteilen. Es gibt Prothesen und
Orthesen, die in den Körper implementiert werden. Daneben
gibt es auch Erweiterungen, die am Körper außen angebracht
und wieder entfernt werden. Dazu zählen etwa Brillen und
Hörgeräte. Last not least gibt es weitere Hilfen wie Rollstühle,
Blindenstöcke oder Krücken, die temporär verwendet werden.
In der Regel dauert es länger, eine Aufgabe mit Hilfsmitteln zu
erledigen. Außerdem fällt es gerade älteren Menschen
schwerer, flüssig mit den Hilfsmitteln umzugehen. Dadurch
dauern viele Vorgänge oder Arbeiten länger als bei einem
Nicht-Behinderten. Gerade die Arbeit am Computer kann mit
Hilfsmitteln deutlich länger dauern. Aber auch das Bewegen
zwischen verschiedenen Orten kann etwa für Blinde,
Sehbehinderte oder Rollstuhlfahrer mehr Zeit kosten.
Eine wachsende Rolle spielen Technologien, die wie Hilfsmittel
verwendet werden, aber ursprünglich nicht dafür gedacht
waren. Besonders wichtig sind die Bedienungshilfen und Apps
in Smartphones. Aber auch die Sprach-Assistenten werden
etwa von Blinden gerne genutzt.
Hilfsmittel, die von der Krankenkasse im Allgemeinen
übernommen werden, stehen in deren Hilfsmittelverzeichnis.
Hilfsmittel, die für den Arbeitsplatz benötigt werden, zahlt
einer der Reha Träger: In der Regel sind das Integrationsamt,
Arbeitsagentur oder Rentenversicherung.
Die Zahl und Vielfalt der Hilfsmittel ist sehr groß und nimmt
weiter zu. Gleichzeitig wird es immer schwieriger, spezielle
Hilfsmittel von der Krankenkasse zu erhalten. Die
Krankenkassen stehen unter Kostenspardruck. Außerdem
nehmen die Zahl der Behinderungen und die Zahl der
speziellen Hilfsmittel stetig zu. Zugleich geht der Trend im
Computerbereich dahin, Hilfen wie Sprach-Ein- und Ausgabe,

Lupenfunktion und weitere Hilfen in das Betriebssystem einzubauen. Vorreiter ist dabei Apple. Alle Geräte, die Apple heute veröffentlicht haben Bedienungshilfen für behinderte Menschen integriert. Der Fachbegriff dazu ist universelles design oder design for all. Als Mini-computer mit permanentem Zugang zum Internet hat das Smartphone vielen behinderten Menschen den Alltag erleichtert und einige teure Hilfsmittel ersetzt.

Auch Assistenztiere wie Blindenführhunde zählen im Sinne des Gesetzes als Hilfsmittel.

Strategien

Neben Hilfsmitteln können auch spezielle Strategien entwickelt werden. Funktionale Analphabeten zum Beispiel sind häufig gut darin, sich sprachliche Informationen einzuprägen oder Informationen aus Grafiken abzuleiten. Personen mit Lernstörungen lesen gerne elektronisch, weil sie dadurch die bevorzugte Schriftart einstellen oder sich die Texte vorlesen lassen können. Autisten entwickeln Strategien, um starke Reize zu vermeiden.

Grundsätzlich lassen sich zwei Arten von Strategien unterscheiden:

- Allgemein-gültige Strategien können von jeder Person aus der Behindertengruppe angewendet werden. Sie sind also grundsätzlich erlernbar.
- Persönliche Strategien werden vom Individuum entwickelt. Sie können eingeschränkt oder gar nicht von anderen Betroffenen übernommen werden.

Ein Beispiel für eine allgemein-gültige Strategie ist das Orientierungs- und Mobilitätstraining blinder Personen. Es zeigt ihnen den Umgang mit dem Blindenstock sowie die Orientierung in bekannten und unbekannten Umgebungen.

Das Training wird von spezialisierten Reha Lehrern unterrichtet.

Eine persönliche Strategie ist etwa die Art, wie Blinde Kontakt mit fremden Sehenden aufbauen. Manche Blinde sprechen etwa gezielt bestimmte Personen an, deren Anwesenheit sie gehört haben. Dafür ist aber viel Selbstvertrauen und Selbstbewusstsein notwendig, weil man auch mit Zurückweisungen umgehen können muss. Deshalb können solche Strategien nicht ohne Weiteres von anderen Menschen übernommen werden.

Treten die Behinderungen früh im Leben ein, ist es für die Betroffenen einfacher, mit den Herausforderungen umzugehen. Treten die Behinderungen erst im Alter auf oder kommen weitere Erkrankungen hinzu, ist es schwieriger, neue Strategien zu entwickeln.

Gleiches gilt auch, wenn keine Rehabilitation oder spezielle Schulungen stattfinden. Für im Berufsleben erkrankte Personen gibt es etwa die lebenspraktischen Fertigkeiten. Dort können Blinde lernen, sich mit dem Blindenstock zu orientieren, zu kochen oder Tätigkeiten im Haushalt blind und ohne fremde Hilfe zu erledigen. Personen, die nicht mehr berufstätig sein können erhalten solche Hilfen nicht ohne weiteres.

Eine erhebliche Rolle für den Erfolg von Strategien spielt auch die Frage, wie das soziale Umfeld und die Umgebung aufgestellt sind. Im Abschnitt "Dimensionen von Einschränkungen" EBC wurde das ausführlich dargestellt.

Last not least muss natürlich auch das Umfeld passen. Wenn eine Umgebung nicht barrierefrei ist, kommt der Rollstuhlfahrer nicht zurecht. Da hilft meistens auch keine Strategie mehr.

Oft verzichtet der Betroffene komplett auf Unternehmungen, weil er unlösbare Probleme befürchtet oder alle denkbaren Lösungen und Strategien zusätzliche Probleme bringen oder zu viel Stress bedeuten.

Eine weniger wünschenswerte Strategie wäre die

Vermeidungsstrategie: Es werden Situationen vermieden, die
schwierig sein könnten.

Menschliche Assistenz

Der vierte Weg zum Umgang mit einer Behinderung ist
Menschliche Unterstützung, allgemein Assistenz genannt. Es
werden grundsätzlich zwei Arten von Assistenzen
unterschieden:

- die Arbeitsassistenz unterstützt am Arbeitsplatz bzw.
  auch in der Schule oder im Studium.
- Die persönliche Assistenz unterstützt grundsätzlich in
  allen Lebenslagen, also auch am Arbeitsplatz. Die
  Übergänge zwischen Unterstützung in beruflichen
  Belangen und im privaten Bereich sind dabei fließend.

Eine Assistenz kann auch pflegerische Aufgaben übernehmen,
das ist aber nicht der Kernbereich ihrer Tätigkeit. Eine Person,
die rein pflegerische Aufgaben übernimmt, wird normalerweise
nicht als Assistenz bezeichnet. Arbeitsassistenzen sind etwa bei
blinden Personen, aber auch bei anderen Sinnes- und
Körperbehinderungen üblich. Sie werden in der Regel vom
Integrationsamt finanziert.
Persönliche Assistenzen sind aktuell vor allem bei querschnittsgelähmten Personen zu finden. Die Behinderten-Bewegung
strebt an, diese Form von persönlicher Unterstützung auch für
andere Gruppen leichter zugänglich zu machen. Aktuell wird
die persönliche Assistenz vom Sozialamt finanziert, sie wird
also nur bei Bedürftigkeit übernommen. Und wie viele Anträge
zur Teilhabe an der Gesellschaft wird sie häufig abgelehnt.
In der Regel verlangt eine Assistenztätigkeit keine besondere
Ausbildung. Übernimmt die Assistenz pflegerische Aufgaben
wie etwa bei Querschnittsgelähmten, wird sie kurz angelernt.
Es gibt aber auch Assistenzen, die spezielle Aufgaben

übernehmen und dafür qualifiziert werden müssen. Dazu
zählen etwa Taubblinden-Assistenzen. Sie müssen unter
anderem die Kommunikationstechnik Lormen beherrschen.

Schwerbehinderung und Behindertenausweis

In diesem Abschnitt werden verschiedene Begriffe aus dem Bereich Behinderung und Schwerbehinderung beschrieben.

Behinderung und Schwerbehinderung

Formal liegt eine Behinderung vor, wenn ein Grad der Behinderung (GdB) amtlich festgestellt wurde. Von einer Schwerbehinderung wird gesprochen, wenn der Grad der Behinderung mindestens 50 beträgt. Viele Nachteilsausgleiche setzen einen Grad der Behinderung von 50 oder höher sowie zumindest ein Merkzeichen voraus.
Ein Schwerbehindertenausweis wird erst bei einem GdB von 50 oder höher ausgestellt. Liegt der GdB unter 50, kann der Feststellungsbescheid des Versorgungsamtes als Nachweis für die Behinderung dienen. Teilweise werden aber auch ärztliche Atteste oder Messungen von Spezialisten wie Optikern bei Sehbehinderung oder Akustikern bei Schwerhörigen akzeptiert. Nicht alle Anspruchs-Berechtigten haben einen festgestellten Grad der Behinderung. Das kann folgende Gründe haben:

- Ist weniger als ein GdB von 50 zu erwarten, lohnt sich ein Antrag oft nicht, weil damit kaum Nachteilsausgleiche verbunden sind.
- Viele chronisch oder psychisch Erkrankte wissen nicht, dass sie einen Ausweis beantragen könnten oder welche Hilfen damit verbunden sind.
- Oftmals fürchten die Betroffenen, dass eine festgestellte Behinderung die Job-Chancen verschlechtert.
- Auch der Aufwand für den Antrag auf einen Ausweis wird häufig gescheut.

Zudem gibt es auch psychische Hemmungen, einen Ausweis zu beantragen. Ein Ausweis zeigt schwarz auf weiß, dass jemand behindert ist. Viele Betroffene wollen das vor sich selbst und anderen verbergen.

Generell ist ein behinderter Mensch nicht verpflichtet, eine Behinderung amtlich feststellen zu lassen. Allerdings ist eine amtlich festgestellte Behinderung eine Voraussetzung, um viele Nachteilsausgleiche beanspruchen zu können.

Für einige Nachteilsausgleiche reichen tatsächlich auch ärztliche Atteste aus. Das gilt zum Beispiel für die Nachteilsausgleiche bei Prüfungen an einigen Schulen und Universitäten. In der Regel ist es jedoch mit dem Schwerbehindertenausweis einfacher, solche Nachteilsausgleiche zu beanspruchen.

Um offiziell anerkannt zu werden, muss eine Behinderung mindestens bzw. voraussichtlich mindestens sechs Monate bestehen. Wer sich also ein Bein bricht, gilt nach dieser Logik nicht als behindert, unabhängig davon, wie stark er dadurch eingeschränkt ist.

Merkmale des Schwerbehindertenausweises

Der Grad der Behinderung (GdB) soll zeigen, wie stark eine Person durch ihre Behinderung im Alltag eingeschränkt ist. Wer einen Grad von 50 oder höher hat, gilt als schwerbehindert. Der Grad wird in Zehner-Schritten gemessen, wobei 10 der niedrigste und 100 der höchste Grad ist. Früher waren auch Fünfer-Grade üblich, das ist noch in einigen älteren Schwerbehindertenausweisen zu finden.

Der GdB wird nicht in Prozent gemessen, die Angabe 100 Prozent schwerbehindert ist also falsch. Die Prozentangaben suggerieren eine Absolutheit, die sie aber nicht widerspiegeln. Ein Mensch mit einem GdB von 100 kann durchaus ein selbständiges Leben führen und Vollzeit arbeiten gehen. Ein

Mensch mit einem GdB von 50 hingegen kann durchaus erwerbsunfähig sein.

Ein Bestandteil des Schwerbehindertenausweises sind die Merkzeichen. Sie stehen für weitere Einschränkungen und sind mit besonderen Nachteilsausgleichen verbunden. So gibt es zum Beispiel bei bestimmten Merkzeichen das Recht, den öffentlichen Nahverkehr kostenlos zu nutzen. Die folgenden Merkzeichen können im Schwerbehindertenausweis enthalten sein:

- G = Probleme im Straßenverkehr
- aG = außergewöhnlich gehbehindert
- Bl = blind
- H = hilflos
- Gl = gehörlos
- TBL = taubblind
- B = Begleitperson im öffentlichen Verkehr
- RF = Reduzierung der Rundfunkgebühren
- Kl = Nutzung der ersten Klasse in Zügen ohne Preisaufschlag

In einigen Bundesländern gibt es weitere Merkzeichen, die zu speziellen Nachteilsausgleichen berechtigen.

Bitte beachten Sie: Ein Merkzeichen entspricht nicht immer vollständig einer bestimmten Behinderung. Jemand mit dem Merkzeichen Bl oder Gl kann durchaus noch ein nutzbares Seh- oder Hörvermögen haben. Es gibt bestimmte Grenzwerte, die für die Merkzeichen unterschritten sein sollten sowie kombinierte Behinderungen, die sich nicht einzeln bewerten lassen. Das G etwa steht nicht für "gehbehindert", sondern für Probleme im öffentlichen Verkehr. Auch Personen mit Anfallskrankheiten oder starken Orientierungsstörungen können das Merkzeichen G bekommen.

Das B berechtigt zur Mitnahme einer Begleitperson im öffentlichen Verkehr. In älteren Ausweisen steht noch der

Vermerk: "Die Notwendigkeit ständiger Begleitung ist nachgewiesen". Diese Information war missverständlich und wurde inzwischen ersetzt. Ein Inhaber mit dem Merkzeichen B benötigt in der Regel keine ständige Begleitung und muss auch keine Begleitperson dabeihaben.

Die sogenannte Wertmarke berechtigt zur kostenlosen Nutzung des öffentlichen Nahverkehrs. Sie kostet 80 Euro für ein Jahr. Einige behinderte Menschenwie gesetzlich Blinde Personen erhalten die Wertmarke kostenlos. Bis vor ein paar Jahren hatte der Schwerbehindertenausweis das Format einer Postkarte. Mittlerweile wird er nur noch im Scheckkartenformat ausgegeben. Sofern das Gültigkeitsdatum noch nicht abgelaufen ist, sind beide Formate weiterhin gültig. Mehrfach, wenn auch nicht sehr intensiv, wurde die Umbenennung des Schwerbehinderten-ausweises diskutiert: Die FDP-Bundestagsfraktion wollte den Ausweis 2018 in Teilhabeausweis umbenennen. Im Zuge des BTHG könnte die Frage erneut diskutiert werden.

Amtliche Bewertung der Behinderungen

Die Regeln zur Bewertung des Behinderungsgrades und zu den Merkzeichen stehen in der Versorgungsmedizin-Verordnung (VersMedV). Sie wird regelmäßig aktualisiert, so dass sich die Einstufungen der Behinderungen im Laufe der Zeit ändern können. Aktuell (Mitte 2019) ist beabsichtigt, neue Therapie-Möglichkeiten, Medikamente und Hilfsmittel stärker zu berücksichtigen, so dass die GdBs für einige Behinderungen anders ausfallen sollen.

Zu beachten ist, dass eine bestimmte Behinderung oder Erkrankung nicht mit einem bestimmten GdB einhergeht. Das wäre nicht sinnvoll, da zum Beispiel Erkrankungen wie Multiple Sklerose oder Diabetes in ihrer Ausprägung und den Folgen sehr unterschiedlich sind. Stattdessen wird geprüft, wie stark eine Behinderung im Alltag einschränkt. Grundlage für die

Einschätzung sind vor allem Berichte der Ärzte. Es gibt einige Ausnahmen. Wer etwa einen bestimmten Sehrest unterschreitet, gilt als gesetzlich blind und erhält dadurch automatisch verschiedene Merkzeichen und die damit verbundenen Nachteilsausgleiche.

Der Grad der Behinderung kann befristet werden. Das hängt sowohl von der Behinderung als auch vom Bundesland ab. Bei vielen Erkrankungen wie etwa Krebs oder bei frühen Stadien der Multiplen Sklerose ist eine Befristung üblich, da man davon ausgeht, dass der gesundheitliche Status sich in die eine oder andere Richtung ändert.

Ein Schwerbehindertenausweis kann aber auch unbefristet sein. Das heißt prinzipiell, dass der Behinderungs-Status nicht regelmäßig überprüft wird. Es gibt allerdings keinen Bestandschutz. Auch ein Schwerbehinderter mit einem unbefristeten Ausweis kann jederzeit überprüft bzw. herabgestuft werden.

Zudem können Behinderungen auch dann anders bewertet werden, wenn sie als therapierbar gelten. Epileptiker etwa, die durch Medikamente relativ anfallsfrei sind werden anders eingestuft als solche, deren Anfälle nicht kontrollierbar sind.

Beantragung und Änderung

Ein Grad der Behinderung wird bei den Versorgungsämtern beantragt. Die Zuständigkeiten sind dabei in den einzelnen Bundesländern unterschiedlich. In NRW etwa sind aktuell die Kommunen zuständig.

Tritt eine neue Behinderung ein oder verändert sich eine bestehende Behinderung, kann ein Änderungsantrag gestellt werden. Im Zuge eines solchen Antrags wird der Gesamtzustand des Antragsstellers neu bewertet. Es kann also sein, dass trotz einer Verschlechterung oder weiterer Behinderungen der GdB sich nur leicht erhöht, stabil bleibt oder sinkt. Letzteres kann vor allem eintreten, wenn die

Bewertungsmaßstäbe in der VersMedV geändert wurden. Zudem wird eine Behinderung auch im Hinblick auf das Alter betrachtet. Eine Gehbehinderung wird etwa bei einer 30-Jährigen anders bewertet als bei einer 70-jährigen Person. Mittlerweile dauern die Antragsverfahren teils sehr lange. Das liegt an mehreren Faktoren:

- Die Zahl der Anträge steigt stetig, unter anderem durch den demografischen Wandel und die wachsende Zahl von Personen, die sich ihrer möglichen Ansprüche bewusst sind.
- Zudem legen Antragssteller auch häufig dann Widerspruch gegen eine Ablehnung ein, wenn die Erfolgschancen objektiv gering sind. Dies hat auch mit der häufigen Praxis der Ämter zu tun, den geringst-möglichen GdB zu gewähren.
- Das Einreichen unvollständiger Anträge sowie eine geringe Bereitschaft der zuständigen Ärzte zur Zusammenarbeit mit den Ämtern. Die Ärzte legen die berichte häufig nicht zeitnah vor.
- Wie viele andere Behörden sind auch die Versorgungsämter personell unterbesetzt.
- Die Komplexität der relevanten Richtlinien nimmt zu.
- Zudem kann auch die Bewertung schwieriger werden, wenn mehrere Einschränkungen vorliegen. Die Einstufung chronischer und psychischer Erkrankungen ist besonders schwierig.

Bei einem Umzug zwischen einzelnen Bundesländern muss der Ausweis neu beantragt werden. Zwar sind die Standards bundeseinheitlich, das konkrete Antragswesen ist aber Ländersache. Auch das Verhalten ist in einzelnen Bundesländern unterschiedlich. In Hessen wird etwa bei der gleichen Behinderung ein Ausweis befristet, der in NRW unbefristet wäre. Die Details der festgestellten Behinderungen werden im Feststellungsbescheid mitgeteilt. Liegen mehrere

Behinderungen vor, werden den einzelnen Behinderungen
GdBs zugeteilt. Zu beachten ist, dass die einzelnen GdBs nicht
addiert werden. Es soll der Gesamtzustand einer Person
bewertet werden.

Nachteilsausgleiche

Es gibt eine ganze Reihe an Nachteilsausgleichen, die
bundesweit gewährt werden. Sie sind nicht unbedingt an einen
Schwerbehindertenausweis gebunden. Dazu gehören
steuerliche Erleichterungen, Hilfen am Arbeitsplatz und andere
Vergünstigungen.
Neben den allgemeinen Nachteilsausgleichen werden auch
vielfach informell Hilfen gewährt: Viele Einrichtungen in
öffentlicher Trägerschaft erlauben die kostenlose Mitnahme
einer Begleitperson, wenn das Merkzeichen B im
Schwerbehindertenausweis vermerkt ist. Dazu muss gesagt
werden, dass das Merkzeichen B regulär nur für den
öffentlichen Personenverkehr gilt.
Viele private Anbieter wie Schwimmbad-Betreiber oder
Konzertanbieter erlauben mittlerweile ebenfalls die kostenlose
Mitnahme einer Begleitperson. Solche Hilfen sind allerdings
freiwillig: Private Anbieter müssen solche Nachlässe nicht
gewähren.
Aktuell gibt es kein allgemeines Behindertengeld, welches die
Mehraufwände behinderter Menschen abfängt. Eine
Ausnahme sind blinde Menschen. Sie erhalten ein
einkommensunabhängiges Blindengeld, welches in den
einzelnen Bundesländern unterschiedlich hoch ist. Einige
Bundesländer bieten ein allerdings sehr geringes
Sehbehindertengeld. Wenige Bundesländer bieten ein
Taubblindengeld für Betroffene in unterschiedlicher Höhe.
Andere Behindertengruppen müssen ihre Mehrbedarfe häufig
aus eigener Tasche zahlen bzw. im Einzelnen bei
unterschiedlichen Behörden beantragen.

Derzeit gibt es nur einen Nachteilsausgleich, der EU-weit gilt: Der blaue Behindertenparkausweis. Ansonsten werden Behinderungen und Nachteilsausgleiche in den einzelnen EU-Ländern unterschiedlich gewährt. Ein EU-Behindertenausweis ist in Planung. Er soll das Reisen erleichtern, indem die Nachteilsausgleiche bei der Mobilität EU-weit harmonisiert werden.

Wer einen GdB von 30 oder 40 hat, kann sich auf Antrag bei der Arbeitsagentur mit einem Schwerbehinderten gleichstellen lassen. Die Gleichstellung soll dabei helfen, einen Arbeitsplatz zu finden oder einen eventuell bedrohten Arbeitsplatz zu sichern. Die Gleichstellung gilt nur im Bereich Arbeit und bringt außerhalb des beruflichen Kontextes keine Vorteile. Auf der Website schwerbehindertenausweis.de kann nach Nachteilsausgleichen für bestimmte Merkzeichen und GdB gesucht werden.

Gesetzgebung

Die für behinderte Menschenrelevante Gesetzgebung ist sehr weitläufig. Im Vordergrund stehen die Sozialgesetzbücher IX und XII. Im SGB IX findet sich die Schwerbehindertengesetzgebung. Im SGB XII befinden sich die Regelungen zur Sozialhilfe, dazu gehören auch Leistungen für behinderte Menschen zur Teilhabe an der Gesellschaft oder an der Bildung. Viele Nachteilsausgleiche für behinderte Menschenwie etwa Hilfen zur Bildung sind an das Einkommen der Person bzw. deren Eltern gebunden. Dies soll sich mit dem Bundesteilhabegesetz teilweise ändern.

Daneben gelten für behinderte Menschen natürlich die gleichen Gesetze wie für Nicht-Behinderte in der gleichen Lebenslage. Dazu gehören vor allem die Sozialgesetzbücher wie das SGB VIII zum Kinder- und Jugendschutz. Besonders wichtig für behinderte Menschen sind die Regelungen über die Kranken- und Pflegeversicherung, weil sie einen Großteil der

Hilfsmittel und Pflegeleistungen finanzieren. Zu nennen wäre außerdem noch das Betreuungsrecht. Viele Menschen mit einer kognitiven Behinderung werden zumindest in einigen Lebensbereichen gesetzlich betreut.

Zwei Gesetze sind noch von besonderer Bedeutung: Das Behinderten-Gleichstellungsgesetz und das Bundesteilhabegesetz. Das Allgemeine Gleichstellungsgesetz und das Behinderten-Gleichstellungsgesetz sollen die Diskriminierung von Menschen wegen ihrer Behinderung verhindern. Das AGG verbietet die grundlose Diskriminierung von Minderheiten, das BGG bezieht sich speziell auf Menschen mit Behinderung. Das BGG gilt nur für Bundeseinrichtungen, die Länder müssen eigene Gesetze erlassen, diese gelten auch für die jeweiligen Kommunen. Grundprinzipien des BGG sind das Verbot nicht-begründeter Diskriminierung, die Herstellung der Barrierefreiheit sowie die besondere Förderung behinderter Frauen. Das Bundesteilhabegesetz zählt zu den ambitioniertesten Gesetzes-Vorhaben im Bereich der Behinderung der letzten Jahre. Es wurde 2016 verabschiedet. Im Grunde sollen mit dem BTHG ein großer Teil der Ziele der Behindertenrechtskonvention umgesetzt werden. Folgende Hauptziele werden ideell verfolgt:

- Förderung der Selbstbestimmung
- Weg vom Fürsorgegedanken

Im Kern wurden bisher folgende Vorhaben umgesetzt:

- Die Erhöhung der Einkommensgrenzen für Teilhabeleistungen
- die bundesweite Einführung des Budgets für Arbeit
- die Einführung der Ergänzenden unabhängigen Teilhabeberatungen

Das BTHG wird schrittweise umgesetzt. Die letzte Phase wird 2023 abgeschlossen sein. Es ist aber davon auszugehen, dass

das Gesetz danach weiter angepasst wird. In der
Behindertenszene wird etwa gefordert, dass Leistungen zur
Teilhabe an der Gesellschaft einkommensunabhängig werden.
Zudem ist die Förderung der EUTB zeitlich begrenzt und sollte
nach Ansicht der behinderten Menschen unbefristet gestaltet
werden.

Akteure der Behindertenhilfe und Selbsthilfe

Im Behindertenwesen haben sich viele Hilfsstrukturen etabliert. In der Regel geht es um Hilfe im Bereich Wohnen, Arbeit oder Alltagshilfe.

Kostenträger und Leistungserbringer

Die verschiedenen Parteien werden als Träger bezeichnet. Es werden zwei Träger unterschieden: Kostenträger und Träger der Behindertenhilfe. Letztere werden auch als Leistungserbringer bezeichnet. Die häufigsten Träger sind:

- Kranken- und Pflegekassen
- Rentenversicherung,
- Integrationsämter und Arbeitsagenturen
- Kommunale und überörtliche Träger der Sozialhilfe

Träger können auch die Unfallversicherung sowie Berufsgenossenschaften sein. Wichtig sind außerdem die Träger der Kinder- und Jugendhilfe, wenn es etwa um schulische Angelegenheiten geht.

Träger der Behindertenhilfe

Ein Großteil der Behinderten-Einrichtungen wird von den Verbänden der Wohlfahrt betrieben. Dazu gehören die Caritas, die Diakonie, das Deutsche Rote Kreuz, der Paritätische Wohlfahrtsverband, der Arbeiter-Samariter-Bund oder die Johanniter. Daneben ist noch die Lebenshilfe zu nennen, die sich schwerpunktmäßig um Menschen mit geistiger Behinderung kümmert.
Neben diesen großen, bundesweit tätigen Organisationen gibt

es noch Träger, die lokal oder regional aktiv sind. Beispiele dafür sind die Regenswagner-Stiftung oder die Donnersmarkstiftung.

Auch wenn viele Wohlfahrtsverbände oft weitere Angebote etwa in der Kinder- und Jugendhilfe oder in der Seniorenbetreuung unterhalten, zählen sie zu den wichtigen Akteuren in der Behindertenbewegung. Insbesondere die Caritas, die Diakonie, die Arbeiterwohlfahrt, das Rote Kreuz, der Paritätische sowie die Lebenshilfe haben schon durch ihre bundesweite Präsenz großen Einfluss.

Lebensbereiche

Im Folgenden sollen die einzelnen Lebensbereiche kurz betrachtet werden. Das Ziel dieser Darstellung ist, Ihnen einen knappen Einblick in die jeweiligen Lebenswelten behinderter Menschen zu geben.

Bildung

In Bereich Schule kann zwischen Regelschulen und Förderschulen unterschieden werden. Förderschulen wurden früher Sonderschulen genannt. Sie konzentrieren sich in der Regel auf eine bestimmte Behinderung. So gibt es Förderschulen mit den Schwerpunkten Lernen, Sehen oder Hören.
Auch hier gibt es einen Trend zur Inklusion von Kindern mit Behinderung in die Regelschule. Dieser Prozess wird intensiv und sehr emotional diskutiert. Im Vordergrund steht die Frage, ob die Förderschulen komplett abgeschafft werden sollen.
An den Hochschulen wird hingegen weniger über Inklusion diskutiert. In Deutschland gibt es keine speziellen Hochschulen für Behinderte, so dass die Inklusionsfrage hier nicht so ins Gewicht fällt. Die Hochschulen bemühen sich unterschiedlich stark um Inklusion.
Am stärksten fortgeschritten ist die Inklusion in der Kinderbetreuung. Das liegt allerdings daran, dass es sehr wenige Betreuungsangebote gibt, die sich ausschließlich an behinderte Kinder wenden.

Ausbildung und Arbeit

Im Bereich Ausbildung und Arbeit zeigt sich ein differenziertes Bild. Viele Menschen mit leichten Einschränkungen absolvieren eine konventionelle Ausbildung und arbeiten ohne Weiteres in Unternehmen. Daneben gibt es besondere Strukturen, sie werden in der Regel von Menschen mit stärkeren Einschränkungen genutzt.

Die sogenannten Berufsbildungswerke können behinderte Menschen in verschiedenen Bereichen ausbilden. Sie sind umstritten, weil viele Arbeitgeber die Qualität der Ausbildung nicht einschätzen können. Zudem ist die Zahl der möglichen Ausbildungsgänge relativ gering.

Für Menschen, die im reiferen Alter behindert wurden und noch arbeitsfähig sind, gibt es die Berufsförderungswerke. Sie sind für die berufliche Rehabilitation oder auch Weiterqualifikation der Teilnehmer zuständig. Es gibt in Deutschland zwei parallele Arbeitsmärkte:

- Der erste Arbeitsmarkt ist der reguläre Arbeitsmarkt, auf dem fast alle Menschen beschäftigt sind. Dort arbeiten auch die meisten behinderten Menschen.
- Der spezielle Arbeitsmarkt ist für Personen gedacht, die sich auf dem ersten Arbeitsmarkt bisher nicht etablieren konnten. Das sind vor allem, aber nicht nur Menschen mit Behinderung. Zur Größe dieses Arbeitsmarktes sind keine Angaben zu finden.

Der spezielle Arbeitsmarkt umfasst Integrations- und Inklusionsbetriebe. Dabei handelt es sich um reguläre Unternehmen, die sich dazu verpflichtet haben, einen Teil ihrer Stellen mit Menschen mit Schwerbehinderung zu besetzen. Oft nennen sie sich gGmbH.

Auch die Werkstätten für Menschen mit Behinderung gehören zum zweiten Arbeitsmarkt. Die Mitarbeiter in diesen Werkstätten gelten als erwerbsgemindert. Häufig sind es geistig oder mehrfachbehinderte Menschen. Die Werkstätten sind ebenso umstritten wie die Förderschulen.

Für Menschen, die weder auf dem ersten noch auf dem zweiten Arbeitsmarkt tätig sein können, gibt es die Tagesförderstätten. Die Förderstätten sollen diesen Personen eine sinnvolle Beschäftigung bieten.

Heute etablieren sich neue Instrumente für die Integration auf dem Arbeitsmarkt. Es gibt etwa die assistierte oder unterstützte Ausbildung. Daneben gibt es das Budget für Arbeit. Es soll Menschen aus Behindertenwerkstätten dabei helfen, auf den ersten Arbeitsmarkt beschäftigt zu werden. Mitarbeiter einer WfbM können außerdem an externe Arbeitgeber "ausgeliehen" werden, das nennt sich Außen-Arbeitsplatz.

Wohnen

Auch beim Thema Wohnen finden wir ein differenziertes Bild. Viele Menschen mit Behinderung wohnen in konventionellen Wohnungen. Daneben gibt es spezielle Wohnheime und Wohngruppen, die von den großen Trägern betreut werden. Heute geht der Trend dazu, den Menschen mit Behinderung mehr Selbstbestimmung zu ermöglichen, indem Wohneinheiten verkleinert und dezentral sowie in die Städte hinein verlegt werden, statt sie auf der grünen Wiese zu bauen. Auch in diesem Bereich gibt es unterschiedliche Hilfsangebote. Je nach Unterstützungsbedarf reichen oft ambulante Hilfen. Viele Hilfen werden auch im Rahmen pflegerischer Tätigkeiten über die Pflegeversicherung erbracht.
Lebt ein Behinderter Mensch zuhause, kann er eventuell auf persönliche Assistenz zurückgreifen. Häufig werden behinderte Menschen aber auch von Angehörigen, vor allem von den Eltern oder Kindern unterstützt. Insbesondere bei Menschen mit Lernbehinderung sind die Eltern häufig die wichtigste Quelle für Unterstützung.

Kultur und Freizeit

Auch im Bereich Kultur und Freizeit ist das Bild sehr differenziert. Im Bereich Sport haben sich eine Reihe spezieller Behinderten-Sportarten etabliert: Zum Beispiel Rollstuhl-

Tanzen oder Blinden-Fußball. Die Paralympics haben sich als feste Institution neben den Olympischen Spielen etabliert. Daneben gibt es Sportarten, die zumindest teilweise als inklusiv gelten können: Dazu zählen insbesondere Wassersportarten wie Segeln, Kanu oder Schwimmen.

Die Teilhabe an kulturellen Programmen ist teils schwierig. Es gibt spezielle Technologien, um im Kino Untertitel für Gehörlose oder Audiodeskriptionen für Blinde einzublenden. In Theatern oder anderen Live-Performances sieht die Sache schon schwieriger aus. Einige Museen wie die Bundeskunsthalle bieten spezielle Führungen für besondere Bedürfnisse an.

Behinderten-Organisationen wie Blindenvereine bieten häufig spezielle Freizeitangebote für ihre Mitglieder. Dazu gehören Sportangebote, Ausflüge und so weiter.

Das soziale Hilfesystem

Menschen mit Behinderung können zahlreiche unterschiedliche Hilfen erhalten. Doch ist das System gerade bei mehrfachen und schweren Behinderungen oder Lebenssituationen komplex.

Leistungsträger

Grundsätzlich gilt: Ein Träger, eine Leistung. Dabei gilt, dass für eine bestimmte Situation ein bestimmter Träger zuständig ist.

- Krankenkasse: Medikamente, Therapien und Hilfsmittel, die dem unmittelbaren, privaten Ausgleich der Behinderung dienen
- Integrationsamt, Arbeitsagentur, Rentenversicherung: Übernahme von Kosten, die für den Arbeitsplatz anfallen, zum Beispiel Hilfsmittel, Anpassungen von Arbeitsplätzen, Mobilitätshilfen
- Kinder- und Jugendhilfe sowie Sozialhilfe: Hilfen, die im Bereich Bildung benötigt werden, Hilfsmittel, Schulassistenzen...
- Sozialamt: für finanzielle Hilfen für Menschen, die erwerbsgemindert sind
- Job-Center: finanzielle Hilfen für Menschen, die arbeitslos sind oder mit ihrer Arbeit zu wenig verdienen

Und natürlich gibt es die Leistungen, auf die auch Nicht-Behinderte Anspruch haben: Kindergeld, Wohngeld, die Grundsicherung im Alter oder bei Erwerbsminderung und weitere Leistungen.

Als letztes Fallback, wenn kein anderer Träger zuständig ist, soll das Sozialamt tätig werden. Dort gibt es die Leistungen zur Teilhabe an der Gesellschaft. Das sind etwa Hilfen, um ein Auto barrierefrei umzubauen.

Doch sind Anträge zur Teilhabe beim Sozialamt langwierig und selten erfolgreich. Aktuell erfordern sie außerdem, dass der Antragssteller bedürftig ist, also kein hohes Einkommen oder Vermögen hat. Das gilt auch für Ehepartner und andere Verwandte, mit denen der Antragssteller zusammenwohnt. Neben den öffentlichen Trägern gibt es eine große Zahl wohltätiger Stiftungen, die Hilfen in verschiedenen Bereichen leisten. Diese Stiftungen spielen eine große Rolle, wenn es etwa um die Finanzierung barrierefreier Autos bzw. um deren barrierefreien Umbau geht.

Kompliziert wird es, wenn mehrere Träger für eine Leistung zuständig sind. Es gibt etwa Personen, die rund um die Uhr Assistenz benötigen. Diese Assistenz wird in der Regel von mehreren Trägern finanziert: dem Sozialamt, der Pflegekasse sowie dem Arbeits-Träger, wenn die Person eine sozialversicherungspflichtige Tätigkeit ausübt.

Die Leistung Persönliches Budget

Viele Hilfen werden vom Leistungsträger direkt an einen Dienstleister gezahlt. So überweist die Pflegeversicherung das Geld direkt an einen Pflegedienst, der dann die Leistung erbringt. Das kann zur Folge haben, dass sich der Pflegedienst nicht den Behinderten Menschen, sondern der Pflegekasse verpflichtet fühlt. Als Lösung für dieses Dilemma gilt das Persönliche Budget.

Das Persönliche Budget wird als finanzielle Leistung direkt an den Empfänger ausgezahlt. Der Empfänger gibt dieses Geld für die vereinbarte Leistung aus. Er weist dies auch dem Träger nach. Der Budget-Inhaber kann zum Beispiel selbst Mitarbeiter einstellen. Das Budget deckt dann alle Kosten inklusive etwa der Sozialabgaben für angestellte Assistenzen.

Neben Leistungen einzelner Träger gibt es auch Leistungen, die von mehreren Trägern gemeinsam erbracht werden. Man spricht dann vom trägerübergreifenden Persönlichen Budget. Derzeit ist das persönliche Budget als Leistungsform nicht sehr verbreitet. Es ist gerade in seiner Träger-übergreifenden Form komplex und langwierig in der Aushandlung. Es mag aber auch sein, dass es wegen der Nachweispflichten auch für behinderte Menschen nicht so attraktiv ist.

Beratung für behinderte Menschen

Ebenso vielfältig wie die Lebenslagen behinderter Menschen sind auch die Beratungsstrukturen. Sie spielen für behinderte Menschen eine besondere Rolle, weil die Hilfestrukturen komplex und teils auch für Experten nur schwer durchschaubar sind.

- Allgemeine Familien- oder Sozialberatungen werden von den oben genannten Wohlfahrtsverbänden und ähnlichen Stellen angeboten. Sie richten sich an alle Menschen in sozial schwierigen Situationen, also nicht speziell, aber auch an behinderte Menschen. Im Bereich Reha wurden die "Gemeinsamen Servicestellen der Rehabilitation" etabliert. Sie sollten Träger-unabhängig beraten. Diese Stellen wurden zum 31.12.2018 aufgelöst. An ihre Stelle treten die Teilhabeberatungen. Zum Thema Arbeit beraten vor allem die Integrationsfachdienste, die Job-Center sowie die Arbeitsagenturen. Zum Thema gesetzliche Betreuung beraten die Betreuungsvereine, die Betreuungsbehörden sowie die Betreuungsgerichte. Zur Pflege beraten die Pflegestützpunkte.
- Zu behindertenspezifischen Belangen beraten in erster Linie die Behindertenvereine. Sie bieten teils auch spezifische Rechtsberatung und Rechtsvertretung an. Besonders aktiv sind dabei die Blindenverbände. Sie haben ihre Rechtsvertretung in

der „Rechte behinderter Menschen GmbH" ausgegliedert.

- Zum Thema Arbeit beraten vor allem die Integrationsfachdienste, die Job-Center sowie die Arbeitsagenturen.
- Zum Thema gesetzliche Betreuung beraten die Betreuungsvereine, die Betreuungsbehörden sowie die Betreuungsgerichte.
- Zur Pflege beraten die Pflegestützpunkte.

Hinzu kommen die Beratungsstellen, die auch von nicht-behinderten Menschen konsultiert werden: Dazu gehören Sozial- aber auch Familienberatungen und weitere Angebote aus dem gesamten Spektrum.

Behinderungs-übergreifende Organisationen

Neben den behindertenspezifischen Verbänden gibt es mehrere Organisationen, die sich an behinderte Menschenallgemein wenden: Der Bundesverband für körper- und mehrfachbehinderte Menschen sowie der Bundesverband Selbsthilfe Körperbehinderter. Weiterhin gibt es die Selbstbestimmt-Leben-Bewegung mit eigenen Institutionen. Auf der Bundesebene ist das die Interessenvertretung Selbstbestimmt Leben (ISL). Ihre lokalen Ableger sind die Zentren für selbstbestimmtes Leben. Ebenfalls auf lokaler Ebene gibt es die Clubs behinderter Menschen. Auch sie setzen sich allgemein für behinderte Menschensohne Fokus auf bestimmte Behindertengruppen ein.
Es gibt einige Organisationen, die sich behinderungsübergreifend für spezifische Bereiche einsetzen. Der Verein Mobil ohne Barrieren etwa kümmert sich um das Thema Auto-Mobilität, der Verein Barrierefrei leben um das barrierefreie Wohnen, der Verein Behinderte Eltern trägt die Zielgruppe bereits im Namen.

Parallel dazu gibt es Organisationen, die sich ebenfalls für die Rechte behinderter Menschen einsetzen, aber keine Behindertenvereine im eigentlichen Sinne sind. Die zwei Sozialverbände VdK und SoVD betreiben auf Landes- und Bundesebene Aufklärungs- und Lobbyarbeit. Auf lokaler Ebene helfen sie den Mitgliedern durch Sozialberatung und oftmals auch rechtlichen Beistand.

Zu beachten ist hierbei, dass vor allem die auf Stadt- oder Kreisebene aktiven Verbände in erster Linie ehrenamtlich tätig sind. Hauptamtlich - also bezahlt - tätige Personen trifft man vor allem auf der Landes- und Bundesebene dieser Verbände.

Es gibt verschiedene Gremien, in denen sich die genannten Organisationen vernetzen und austauschen. Das wichtigste gemeinsame Gremium ist der Deutsche Behindertenrat.

Im Großen und Ganzen ist die Behindertenszene eher zersplittert. Das Gewicht von 7,8 Millionen Schwerbehinderten kann kaum genutzt werden, da es teils konkurrierende, teils nicht miteinander vereinbare Ziele gibt. Während etwa die Blindenvereine ihre Interessen etwa im Bereich digitale Barrierefreiheit recht gut durchsetzen konnten, sehen andere Behindertengruppen ihre Interessen kaum vertreten. Beim barrierefreien Bauen werden vor allem die Bedürfnisse von Rollstuhlfahrern beachtet, während Schwerhörige, Sehbehinderte und andere Personen und deren Anforderungen kaum beachtet werden.

Behinderung und Selbsthilfe

Selbsthilfe bezieht sich darauf, dass behinderte Menschen sich gegenseitig helfen. Diese Hilfe ist derzeit vor allem in Behindertenvereinen organisiert. Man spricht von Peer Counselling. Das heißt, dass Betroffene andere Betroffene beraten. Generell lässt sich zwischen formeller, in festen Strukturen organisierter und informeller, schwach oder nicht fest organisierter Selbsthilfe unterscheiden.

Die organisierte Selbsthilfe

Die Selbsthilfe im Behindertenwesen gewinnt stetig an Bedeutung. Die ersten Selbsthilfeverbände entstanden zu Anfang des 20. Jahrhunderts. Sie engagierten sich für Erleichterungen für die Gruppe, die sie vertraten. Die Kriegsblinden etwa setzten sich für ein Blindengeld ein. Die Gehörlosen engagierten sich für die Gebärdensprache in Gehörlosenschulen.

Die meisten Behinderten-Gruppen haben einen eigenen Selbsthilfeverband. Diese Verbände sind auf lokaler Ebene Ansprechpartner für betroffene Menschen. In der Regel beteiligen sie sich auch an Gremien in der Kommunalpolitik oder werden von der Lokalpolitik in bestimmten Fragen konsultiert. Auf der Landes- und Bundesebene engagieren sich eigene Verbandsgremien im politischen Bereich. Sie machen Lobbyarbeit, sitzen in politischen Ausschüssen oder stehen als Ansprechpartner für politische und soziale Organisationen zur Verfügung.

Im Rahmen des Selbstvertretungsanspruchs ist es heute Usus, dass diese Verbände von Personen geführt werden, die selbst behindert sind. Dies war früher nicht selbstverständlich.

Zu beachten ist, dass einzelne Behindertengruppen nicht unbedingt nur einen Verband haben müssen. Im Blindenwesen gibt es etwa auf Bundesebene den DVBS sowie ProRetina.

Weitere Vereine sind vor allem auf der Landesebene aktiv. Es kann auch in einer einzigen Stadt mehr als einen Verein zu einer bestimmten Behinderung geben. Manchmal werden nur Personen mit speziellen Erkrankungen angesprochen wie bei der Organisation ProRetina. Manchmal stehen aber auch unterschiedliche Philosophien hinter den Gruppierungen. Außerdem sind die Interessen von behinderten Menschen der gleichen "Gattung" nicht unbedingt identisch. Blinde und Gehörlose haben oft andere und manchmal konkurrierende Schwerpunkte als Sehbehinderte und Schwerhörige.
Wie viele soziale Organisationen hat auch die organisierte Selbsthilfe mit verschiedenen Problemen zu kämpfen:

- sinkende Mitgliederzahlen bei steigenden Erwartungen der verbliebenen Mitglieder und auch Nicht-Mitglieder
- geringes Engagement der Mitglieder
- immer mehr und komplexere Anforderungen etwa durch die Politik und Gesellschaft. Die Beteiligung in Gremien erfordert etwa Expertise in Barrierefreiheit, Verkehrsraum-Gestaltung und so weiter.
- Überalterung und Nachwuchsmangel bei der Vereinsführung
- finanzielle Knappheit

Es ist zu erwarten, dass vor allem in ländlichen Gegenden viele Vereine nach und nach nicht weitergeführt werden. Zum einen gibt es dort relativ wenige Mitglieder bzw. sind sie schwer zu mobilisieren, weil sie weit verstreut leben. Zum anderen ist es schwierig, die Infrastruktur der Vereine aufrecht zu erhalten, da die ehrenamtlichen Führungskräfte fehlen. Ein Stück weit ist die Selbsthilfe auch Opfer der Inklusion geworden. Für den Schüler einer Blindenschule war es früher selbstverständlich, nach der Schule in den Behindertenverein einzutreten. Ein inklusiver Schüler wird die Notwendigkeit eines solchen

Vereines häufig nicht sehen, falls er überhaupt in Kontakt mit der Behindertenszene kommt. Auch auf der anderen Seite der Altersstruktur gibt es Probleme. Die meisten Personen erblinden im Alter. Viele Personen sind in einem Alter, in dem sie weitere schwere Gebrechen haben. Die Mitgliedschaft in einem Verein ist für sie kaum interessant. Die Vereinsstrukturen erreichen vor allem Geburts-Behinderte. Allgemein herrscht heute bei vielen Mitgliedern eine Dienstleistungs-Mentalität vor: Das heißt, sie erwarten zeitnahe Antworten, ständige Verfügbarkeit und weitere Leistungen, die eher in der Privatwirtschaft zu finden sind. Dabei sind gerade die lokalen Selbsthilfe-Vereine überwiegend ehrenamtlich tätig und können die Ansprüche nicht in diesem Maße erfüllen. Hinzu kommt, dass viele Personen eher den Sozialverbänden VdK oder SoVD als den Behindertenvereinen beitreten. Sie sind vielerorts präsent und haben hohe Mitgliederzahlen. Dadurch sind sie wesentlich schlagkräftiger als die oft nur lokal oder auf Landesebene tätigen Vereine. Die wenigsten Personen halten es für sinnvoll, in mehr als einer Organisation dieser Art Mitglied zu werden. Allerdings können die sozialverbände keine behindertenspezifische Beratung oder Selbsthilfe anbieten.
Im Zuge des demografischen Wandels könnten auch die Gewerkschaften eine wichtigere Rolle einnehmen. Zumindest im Bereich Arbeit spielen sie bei der Beratung eine Schlüsselrolle.

Informelle Selbsthilfe

Neben der organisierten Selbsthilfe spielen informelle, locker oder gar nicht organisierte Angebote eine zunehmend wichtige Rolle.
Zu nennen wären lokale Selbsthilfegruppen, die häufig von Betroffenen oder Eltern organisiert werden. Sie basieren oft auf dem Engagement einzelner Personen und zerfallen häufig,

wenn diese Personen nicht mehr aktiv sind.
Eltern-Initiativen existieren schon länger. Doch ist die
Organisationsfähigkeit durch die digitale Kommunikation
wesentlich leichter.
Daneben haben sich Internetforen, Gruppen auf Social-Media-
Plattformen sowie Chat-Applikationen wie WhatsApp-Gruppen
als weitere Möglichkeiten des Austauschs und der Selbsthilfe
etabliert. Diese Systeme sind für Behinderte attraktiv, da sie
einfach zu handhaben und zumeist kostenlos nutzbar sind. Die
Organisation NAKOS listet Selbsthilfegruppen auf und gibt
Tipps, wie Selbsthilfegruppen aufgebaut werden können.

Peer Counselling

Das Konzept des Peer Counselling gewinnt an Bedeutung. Peer
Counselling heißt, dass behinderte Menschendurch andere
behinderte Menschenberaten werden. Dadurch sollen etwa
Hemmungen bei den Beratungs-Bedürftigen sinken und das
Vertrauen in den Berater gestärkt werden. Dieses Konzept soll
in den Ergänzenden unabhängigen Teilhabeberatungen (EUTB)
zum Tragen kommen.

Was heißt Inklusion?

Inklusion bedeutet, dass Menschen mit und ohne Behinderung gleichberechtigt mit nicht-behinderten Menschen an der Gesellschaft teilhaben können.
Die Aussonderung behinderter Menschen soll in allen Lebensbereichen beendet werden. Im Fokus stehen dabei die Bereiche Gesellschaft, Arbeit, Bildung und Freizeit.
Zu Ende gedacht geht es darum, behinderte Menschenaus der Nische heraus zu holen. Sie sollen ebenso zum Alltag gehören wie nicht-behinderte Menschen.

Inklusion als Prozess

Die Inklusion als solche gibt es nicht: Vielmehr bezieht sich Inklusion immer auf eine konkrete Sache oder eine konkrete Gruppe. Zudem ist die gelungene Inklusion eine Utopie. Eine absolute Inklusion ist das Ziel, das angestrebt wird, aber im Grunde nicht erreichbar ist. Es gibt schlicht zu viele unterschiedliche Behinderungen und Behinderungsgrade, so dass praktisch immer eine Gruppe oder Person benachteiligt ist. Last not least ist die Gesellschaft im ständigen Wandel, so dass jedes gelöste Problem den Blick auf ein anderes Problem offenbart.
Deshalb sollte Inklusion nicht als Zustand, sondern als Prozess der stetigen Verbesserung betrachtet werden.

Exklusion – Separation - Integration - Inklusion

Insgesamt lassen sich vier Situationen von Menschen mit Behinderung beschreiben:
Die Exklusion meint den Ausschluss behinderter Personen aus der Gesellschaft. Häufig wird argumentiert, dass man die Personen so vor Übergriffen und anderen Herausforderungen

schützt.

Die Separation beschreibt die Existenz einer Parallelwelt für Menschen mit Behinderung. Sie sollen im Prinzip die gleichen Rechte und Möglichkeiten bekommen, allerdings unabhängig von der Mehrheitsgesellschaft. Sinnbildlich dafür sind Wohnheime oder Behindertenwerkstätten auf der grünen Wiese. Diese Einrichtungen ermöglichen behinderte Menschen ein würdevolles Leben. Zugleich sind sie sowohl geografisch als auch sozial von der Mehrheit der Gesellschaft isoliert.

Konzepte der Separation im Zusammenhang mit Menschengruppen sind etwa in den USA oder Südafrika ausprobiert worden, jeweils auf Basis der Hautfarbe. In den USA hieß der Slogan "Separated but equal". Eine solche künstliche Separation hat bisher in keiner Gesellschaft funktioniert.

Bei der Integration werden die Menschen so vorbereitet, dass sie in die Gesellschaft integriert werden können. In diesem Sinne haben behinderte Menschen eine Bringschuld gegenüber der Gesellschaft. Scheitern sie bei der Eingliederung, sind sie nach dieser Logik selbst dafür verantwortlich. Außerdem gelten bestimmte Gruppen von behinderten Menschen (etwa Sehbehinderte) als besser integrierbar als andere (z.B. Menschen mit Lernbehinderung).

Die Inklusion beschreibt einen Zustand, in welchem Menschen mit Behinderung gleichberechtigter Teil der Gesellschaft sind. Tatsächlich findet man diese Situationen selten in Reinform. Sie existieren für einzelne Gruppen und Personen in unterschiedlichem Maße. Selbst innerhalb einzelner Gruppen wie bei Blinden findet man alle Zustände parallel. Schwerhörige und Sehbehinderte hingegen konnten sich häufig gut in die Gesellschaft integrieren. Lernbehinderte Menschen hingegen werden heute häufig, ob beabsichtigt oder nicht, separiert. Werkstätten und Wohnheime sind häufig weitab der Metropolen.

Wir befinden uns aktuell in einer Übergangsphase von der

Integration zur Inklusion. Heute gilt eine möglichst geringe Trennung von behinderten und nicht behinderten Menschen als erstrebenswert. Behinderte Menschenmüssen sich nicht vollständig an die Gesellschaft anpassen. Vielmehr findet ein Prozess statt: Behinderte Menschengestalten die Gesellschaft gemeinsam mit nicht behinderten Menschen, um eine für alle Menschen geeignete und lebenswerte Gesellschaft zu erschaffen.

UN-Konvention über die Rechte behinderter Menschen

Die UN-Konvention über die Rechte behinderter Menschen (UN-BRK) ist das Dokument mit der nachhaltigsten Wirkung auf die Behindertenbewegung der letzten Jahre. Sie hat unter anderem den Prozess der Inklusion in Gang gebracht. Inklusion wird hauptsächlich im Zusammenhang mit der Schule diskutiert. Doch ist die UN-BRK wesentlich umfassender. Sie schließt alle Lebensbereiche ein. Im Anhang finden Sie eine Zeittafel sowie eine Liste der Rechte, die in der BRK niedergelegt sind.

Die BRK und die Inklusion haben das Selbstbewusstsein vor allem von behinderten Jugendlichen und jungen Erwachsenen verändert. Kinder und Jugendliche Behinderte erwarten heute selbstverständlich, Teil der Mehrheitsgesellschaft zu sein. Die Bereitschaft, Förderschulen und andere Sonder-Einrichtungen zu besuchen geht zurück.

Die BRK ist kein alleinstehendes Dokument. Weitere Konventionen wie die Menschenrechts-, die Kinder- und die Frauenrechts-Konvention sind die Basis der BRK. Es werden in der BRK die Rechte von Kindern und Frauen mit Behinderung besonders betont.

Hintergründe

Die BRK definiert im Prinzip keine neuen Rechte. Vielmehr bezieht sie bestehende Menschenrechte auf behinderte Menschen. Daneben geht sie in einigen Passagen auf besondere Interessen oder Bedürfnisse dieser Gruppe ein. Die folgenden Vorläufer waren für die BRK von besonderer Bedeutung:

- allgemeine Erklärung der Menschenrechte vom 10.12.1948
- internationaler Pakt über wirtschaftliche, soziale und kulturelle Rechte vom 19.12.1966
- Internationaler Pakt über bürgerliche und politische Rechte vom 19.12.1966
- Internationale Übereinkommen zur Beseitigung jeder Form von Rassendiskriminierung vom 7.03.1966
- Übereinkommen zur Beseitigung jeder Form von Diskriminierung der Frau vom 18.12.1979
- Übereinkommen gegen Folter und andere grausame, unmenschliche oder erniedrigende Behandlung oder Strafe vom 10.12.1984
- Übereinkommen über die Rechte des Kindes vom 20.11.1989

Viele Passagen der BRK klingen für westliche Ohren selbstverständlich. So fordert sie etwa die Bürgerrechte wie das Recht auf einen Namen, eine Staatsbürgerschaft oder Privatsphäre. Für die meisten Menschen sind diese Rechte selbstverständlich. Doch gelten sie nach wie vor nicht für jedes Individuum, werden in einigen Weltregionen nach wie vor nicht beachtet und galten auch in Deutschland lange Zeit nicht ohne Weiteres. Zum Beispiel durften in Deutschland bis 2019 Personen nicht wählen, wenn sie unter einer rechtlichen Betreuung stehen. Die Nationalsozialisten führten Experimente an behinderten Menschen durch, internierten bestimmte behinderte Menschen und sprachen ihnen wie auch anderen Personengruppen die Bürger- und die Menschenrechte ab. Zur Unterscheidung: Die Bürgerrechte sind die allgemeinen Rechte einer Person mit der lokalen Staatsbürgerschaft. Dazu gehören in Deutschland etwa das Wahlrecht, das Recht auf freie Wahl des Wohnorts oder des Arbeitsplatzes. Die Menschenrechte stehen allen Menschen zu. Dazu gehört der Schutz vor willkürlicher Verhaftung, vor Folter oder das Recht auf ein faires Rechtsverfahren.

Aufbau der BRK

Die BRK besteht aus 50 Artikeln. Sie ist folgendermaßen
strukturiert:

- Präambel
- Artikel 1 - 2: Allgemeine Grundlagen und
  Begriffsdefinitionen
- Artikel 3 bis 20 Verpflichtungen des Unterzeichner-
  Staates
- Artikel 21 - 30 Rechte der Menschen mit Behinderung
- Artikel 31 bis 50 Administrative Aufgaben des
  Unterzeichners und Beziehungen zwischen dem
  Unterzeichner und der UNO

Aufgaben der Unterzeichner

Die Bundesregierung hat sich nicht nur verpflichtet, die
Menschenrechte für behinderte Menschen umzusetzen und
sicherzustellen. Sie muss die Inklusion und
Antidiskriminierungsprozesse forcieren. Sie muss also aktiv die
Gleichstellung fördern und Diskriminierung bekämpfen.
Die BRK verwendet nicht den Begriff Inklusion. Doch ist
Inklusion das eigentliche Ziel.
Die BRK ist von fast allen Staaten der Welt inklusive der EU
unterschrieben worden.
Öffentliche Einrichtungen sowie Gerichte müssen sich an die
Grundsätze der BRK halten. Rechtsakte und Urteile dürfen
nicht gegen die BRK und die dort verankerten Grundsätze
verstoßen.
Die Bundesregierung ist verpflichtet, auch Nicht-Regierungs-
Organisationen und Unternehmen zur Inklusion anzuhalten.
Diese Organisationen spielen in der Gesellschaft eine

maßgebliche Rolle. Sind sie nicht inklusiv, sind behinderte Menschen von vielen Bereichen der Gesellschaft ausgeschlossen.

Die Monitoringstelle hat den Auftrag, die Umsetzung zu forcieren, zu begleiten und zu überwachen. In Deutschland ist das Institut für Menschenrechte dafür zuständig.

Die Bundesregierung muss dem zuständigen UN-Ausschuss alle vier Jahre einen Bericht zum Stand der Inklusion und der ergriffenen Maßnahmen vorlegen. Die Zivilgesellschaft kann ihrerseits einen Schattenbericht erstellen und vorlegen.

Parallel mit der BRK wurde auch das Fakultativprotokoll verabschiedet. Es erlaubt Individual- und Gruppen-Beschwerden beim zuständigen Ausschuss der UN, wenn öffentliche Einrichtungen gegen die BRK verstoßen. Das Fakultativprotokoll kann separat ratifiziert werden es ist aber nicht verpflichtend. Deutschland hat es ratifiziert.

Prinzipien der Inklusion

Die Inklusion ist zwar vielfältig. Doch lassen sich ihre Ziele in eine Reihe allgemeingültiger Prinzipien einteilen. Diese Prinzipien sollen hier kurz dargestellt werden.

Universeller Anspruch

Generell erhebt die Inklusion einen universellen Anspruch. Sie soll in allen Lebensbereichen umgesetzt werden. Eine Organisation, die in einer Abteilung Inklusion umgesetzt hat ist also nicht inklusiv. Ebenso wenig macht ein inklusives Schulsystem eine Gesellschaft inklusiv.
Vielmehr muss Inklusion in allen Bereichen angestrebt und umgesetzt werden. Das ist ein dauerhafter Prozess.

Selbstbestimmung und Empowerment

Mit Empowerment ist gemeint, dass das Selbstbewusstsein von Menschen mit Behinderung erhöht und ihr Wissen über ihre Rechte ausgebaut werden soll.

Doppelte Wahlfreiheit

behinderte Menschen sollen selbst entscheiden, wo sie wohnen, mit wem sie verkehren, welche Arztpraxis sie besuchen, wo sie einkaufen und so weiter. Voraussetzung dafür ist, dass die Angebote inklusiv und barrierefrei sind. Ohne Barrierefreiheit gibt es keine Wahlfreiheit.
Gleichzeitig sollen behinderte Menschen nicht zur Inklusion gezwungen werden können. Das heißt, dass prinzipiell auch Sonderstrukturen bestehen können. Wer sich nicht in die Mehrheitsgesellschaft integrieren will oder kann, soll sich anders entscheiden können. Niemand darf unter Druck gesetzt werden, sich zu inkludieren.

Partizipation/Beteiligung Nichts über uns ohne uns

Ein wichtiges Prinzip ist die Beteiligung von behinderten Menschen überall, wo es um deren Angelegenheiten geht. Das gilt sowohl auf individueller Ebene, etwa am Arbeitsplatz als auch auf höchster politischer Ebene, etwa bezüglich der Gestaltung behindertenspezifischer Regelungen. Bei Gesetzesentwürfen mit Bezug zu Behinderung werden in der Regel eine Reihe von Behindertenverbänden konsultiert.

Proaktive Politik

Die Politik ist nicht nur gefordert, die Inklusion zuzulassen. Sie muss selbst Maßnahmen dafür ergreifen, dass die Inklusion umgesetzt wird.
Die Regierung ist zum Beispiel nicht nur verpflichtet, nur behinderte Menschen vor Diskriminierung zu schützen. Sie muss eine aktive Gleichstellung betreiben. Diskriminierungen müssen aufgespürt und abgebaut werden.

Disability Mainstreaming

Disability Mainstreaming bedeutet, dass behinderte Menschen in allen Bereichen beteiligt werden müssen, in denen es um Behinderung geht. Der Hintergrund ist, dass Nicht-Behinderte häufig meinen zu wissen, was für behinderte Menschen gut und richtig ist.

Schutz der Minderheit

Behinderte Menschengelten zwar als Minderheit in der Gesellschaft. Doch gibt es auch innerhalb der Behindertengruppe Gruppen, die stärker benachteiligt sind als andere. Die UN-BRK etwa fordert besonders den Schutz und die Förderung von Frauen und Kindern mit Behinderung. Behinderte Frauen in Wohnheimen und Werkstätten erfahren Studien zufolge häufiger sexuelle oder gewalttätige Übergriffe als nicht-behinderte Frauen. Kinder sind vor allem gefährdet, wenn sie stärker als nicht-behinderte Kinder von ihren Bezugspersonen abhängig sind oder nicht ohne fremde Hilfen kommunizieren können.

Ebenso gibt es Gruppen, die stärker benachteiligt sind. Dazu gehören gehörlose und schwerhörige Menschen. Sie benötigen eine besondere Förderung.

Barrierefreiheit

Barrierefreiheit bezieht sich darauf, dass es behinderten Menschen möglich ist, an allen Bereichen der Gesellschaft teilzuhaben. Die allgemeinen Anforderungen an Barrierefreiheit sind im § 4 Behindertengleichstellungsgesetz festgelegt.

Für einige Bereiche sind Richtlinien definiert. So fasst die DIN 18040 die Anforderungen an barrierefreies Bauen zusammen. In der BITV 2.0 werden die Anforderungen für barrierefreie Websites festgelegt.

Für andere Bereiche gibt es informelle Regelwerke. Dazu gehören etwa die verständliche Sprache oder barrierefreie Veranstaltungen.

Aktuell entwickeln sich auf der EU-Ebene neue Regelwerke wie der European Accessibility Act. Die UN-BRK definiert ähnlich wie das BGG allgemeine Anforderungen an Barrierefreiheit. Organisationen, die sich an behinderte Menschen wenden sind deshalb ebenfalls verpflichtet, Barrierefreiheit umzusetzen. Die BRK sieht Barrierefreiheit als eine der Anforderungen für Inklusion.

Wie Inklusion auch gibt es Barrierefreiheit als solche nicht. Es handelt sich um einen Idealzustand, der anzustreben, aber nicht vollständig erreichbar ist. Barrierefreiheit bezieht sich immer auf eine Gruppe von Personen oder auf eine konkrete Sache. Es gibt sie nicht im luftleeren Raum.

Stand der Inklusion

Im Folgenden werden einzelne Lebensbereiche und der jeweilige Stand der Inklusion dargestellt. Im Nationalen Aktionsplan der Bundesregierung werden diese und weitere Bereiche im Detail behandelt.

Bildung

Im Bildungsbereich, vor allem beim Thema Schule, wird Inklusion bislang am stärksten diskutiert. Bei Kindergärten und Hochschulen gibt es hingegen kaum Diskussionen, hier gab es ohnehin kaum spezielle Angebote für behinderte Menschen. Im Wesentlichen läuft die Kontroverse im Schulbereich auf eine Frage hinaus: Sollen Sonderschulen, heute Förderschulen genannt, für Menschen mit Behinderung abgeschafft werden oder nicht? Sind behinderte Menschenvollständig in das allgemeine Schulsystem inkludierbar? Diskutiert werden vor allem Problemfälle wie verhaltensauffällige Kinder sowie Kinder mit einer Lernbehinderung. Verhaltensauffällige Kinder würden die anderen Kinder stören, den Unterricht unmöglich machen und seien auch unter den besten Umständen kaum kontrollierbar. Lernbehinderte Kinder könnten keinen regulären Schulabschluss erwerben und seien deshalb an einer allgemeinen Schule schlecht aufgehoben. Befürchtet wird auch, dass behinderte Kinder nicht optimal gefördert werden, weil sie etwa die Gebärdensprache oder die Blindenschrift oder andere spezielle Techniken nicht lernen würden. Last not least besteht die Gefahr der Ausgrenzung durch nicht-behinderte Kinder, durch Lehrer und Eltern in der Regelschule.
Zu beachten ist , dass weitere Faktoren eine Rolle spielen: Die Schule ist seit der ersten PISA-Studie im permanenten strukturellen Umbau. Hinzu kamen zusätzliche Anforderungen wie Kinder mit geringen Deutsch-Kenntnissen, spezielle Herausforderungen an sozialen Brennpunkten, die relativ

hohen Anforderungen der Eltern, die Knappheit an Personal und so weiter.

Allerdings fordert die UN-BRK nicht die Abschaffung der Förder-Einrichtungen.

Da Bildung Ländersache ist, ist die konkrete Umsetzung der Inklusion innerhalb der Bundesländer sehr unterschiedlich. Auch die Quote der Inklusion unterscheidet sich teils deutlich in den einzelnen Ländern.

Arbeit

Im Bereich Arbeit ist das langfristige Ziel, behinderte Menschen auf dem allgemeinen Arbeitsmarkt zu bringen.

Aktuell gibt es einen großen Sektor außerhalb des regulären Arbeitsmarktes, bestehend aus Behinderten-Werkstätten, Integrations- und Inklusionsunternehmen. Vor allem die Behinderten-Werkstätten gelten als exklusiv: Kaum einer der Mitarbeiter schafft den Übergang zum allgemeinen Arbeitsmarkt. Es ist aber eine der Aufgaben der Werkstätten, ihre Mitarbeiter auf eine Tätigkeit auf dem allgemeinen Arbeitsmarkt vorzubereiten.

Hinzu kommen zahlreiche behinderte Personen, die arbeitslos sind oder relativ früh verrentet werden. Grundsätzlich gilt das Prinzip Reha vor Rente, eine Früh-verrentung wird in den nächsten Jahren eher erschwert werden.

Es gibt verschiedene Konzepte, um behinderte Menschen in Arbeit zu bringen: Diese Konzepte können auch teilweise nicht-behinderten Menschen helfen: Unterstützte Beschäftigung, assistierte Ausbildung, ausgelagerte Werkstatt-Arbeitsplätze sowie das Budget für Arbeit Bisher konnte keines dieser Konzepte eine breitere Wirkung entfalten.

Gesellschaft

In der Gesellschaft wird die Inklusion sehr unterschiedlich

umgesetzt. Ein wichtiger Akteur sind etwa die Sportvereine, dort gibt es viele Initiativen.

In vielen Bereichen hängt es vom Engagement einzelner Personen ab, wie viel Inklusion stattfindet. Ist etwa der Vereinsvorsitzende für Inklusion, wird sie auch im Verein durchgeführt. In der Regel wird ein Treiber benötigt, also eine Person, die sich dauerhaft damit beschäftigt und das Projekt innerhalb der Organisation umsetzt.

Aktionspläne für Inklusion

Die Aktionspläne sind ein Instrument, um Inklusion innerhalb von Organisationen oder Körperschaften umzusetzen. Es gibt Aktionspläne der Bundesregierung, einzelner Ministerien, auf Landes- und Kommunalebene, in NGOs sowie in einigen Privatunternehmen.

Aktionspläne sind eine Mischung aus strategischen und einzelnen Maßnahmen. Die strategischen Maßnahmen sollen langfristig Inklusion innerhalb der Organisationskultur realisieren. Die einzelnen Maßnahmen tragen zur Umsetzung bei.

Weiterführende Informationen

Eine gute Informationsquelle zum Thema Behinderung ist der Ratgeber für Menschen mit Behinderung des Bundessozialministeriums. Er wird alle ein bis zwei Jahre neu aufgelegt.

Der Online-Ratgeber familienratgeber.de ist eine gute Informationsquelle zum Thema Schwerbehinderung.

Beim Online-Angebot REHADAT finden Sie zahlreiche unterschiedliche Informationen in speziellen Unter-Portalen: Dazu gehören Statistiken, zahlreiche spezielle Verzeichnisse oder Informationen zum Thema Arbeit von behinderten Menschen.

Zum Thema Inklusion finden Sie viele Informationen bei der Aktion Mensch sowie beim Institut für Menschenrechte.

Zahlreiche Informationen über die Geschichte der BRK finden Sie auf dem Webangebot behindertenrechtskonvention.info.

Anhang

Anhang A Liste der verwendeten Abkürzungen

AGG	Allgemeines Gleichbehandlungsgesetz
BGG	Behindertengleichstellungsgesetz
BRK/UN-BRK	Behindertenrechtskonvention
BTHG	Bundesteilhabegesetz
GdB	Grad der Behinderung
ICF	International Classification of Functioning, Disability and Health
SGB	Sozialgesetzbuch
VersMedV	Versorgungsmedizin-Verordnung

Anhang B Zeitachse der BRK

- 1971 Erklärung der Rechte geistig behinderter Menschen der UNO
- 1975 Erklärung der Rechte der behinderten Menschen" der UNO
- 1983 1993 UN-Dekade der behinderten Menschen
- 1993 Rahmenbestimmungen für die Herstellung der Chancengleichheit für behinderte Menschen
- 2001 erster UN-Ausschuss zur BRK
- 2006 Verabschiedung der BRK
- 2008 In-Kraft-Treten, nachdem 20 Staaten das Abkommen ratifiziert hatten
- 2009 Ratifikation durch Deutschland

Anhang C Rechte behinderter Menschen aus der UN-BRK

Die folgenden Rechte werden für behinderte Menschen in der BRK festgelegt:

- Teilhabe am politischen und öffentlichen Leben
- Soziale Sicherheit
- Arbeit und Beschäftigung
- Rehabilitation
- Gesundheitsversorgung
- Bildung
- Schutz von Ehe und Familie
- Achtung der Privatsphäre
- Meinungsfreiheit und Informationszugang
- Barrierefreiheit
- Persönliche Mobilität
- Unabhängige Lebensführung
- Körperliche Unversehrtheit
- Freizügigkeit und Staatsangehörigkeit
- Eintrag ins Geburtsregister und Namensrecht
- Schutz vor Ausbeutung, Gewalt und Missbrauch
- Schutz vor Folter und Menschenversuche
- Freiheit und Sicherheit der Person
- Zugang zur Justiz
- Rechtsfähigkeit und Geschäftsfähigkeit
- Recht auf Leben

Quelle: Nationaler Aktionsplan 2.0 der Bundesregierung zur UN-Behindertenrechtskonvention vom 29.06.2019. ,